“十四五”
国家重点图书
出版规划项目

国家出版基金项目
NATIONAL PUBLICATION FOUNDATION

江竹筠

一片丹心向阳开

丁小炜 —————— 著

中国青年出版社

人民英雄 国家记忆文库

指导单位

共青团中央

发起单位

国防大学军事文化学院

中国青年出版总社有限公司

学术支持单位

中国作家协会军事文学委员会

中国当代文学研究会军事文学委员会

总策划

张启超　董　斌　皮　钧　陈章乐

策　划

侯健飞　李师东

主　编

李师东　侯健飞

统　筹

侯群雄

江竹筠（1920 年—1949 年）

总 序

◆徐怀中

我们这一代人成长在战争年代，那时山河破碎，民不聊生，是党在抗日根据地设立了免费高小，我才有机会去上学，后来考上边区政府开办的太行第二中学，算是有了点文化。毕业后，是党带领我走上革命道路，我跟随刘邓大军挺进大别山，开始了军旅生涯，后来长期从事写作、文化工作，再也没有离开过部队。

回首往事，许多的人和事历历在目。中国共产党的奋斗路、奋进路来之不易，中华民族的独立自由解放来之不易，新中国的成立、建设、发展来之不易，改革开放以来取得的成就来之不易，今天的幸福生活来之不易，无数的仁人志士、先贤先烈、英雄楷模为之奋斗、奉献，甚至牺牲，他们永远值得我们去纪念、缅怀、学习。

2019年底，国防大学军事文化学院、中国青年出版总社联合发起大型图书创作出版工程“人民英雄——国家记忆文库”，致敬先烈，献礼党的百年华诞，我得知后感到很欣慰。是的，我们走得再远、走到再光辉的未来，也不能忘记走过的过去，不能忘记为什么出发。

今年恰逢中国共产党成立100周年，习近平同志在党史学习教育动员大会上强调，要教育引导全党大力发扬红色传统、传承红色基因，赓续共产党人精神血脉，始终保持革命者的大无畏奋斗精神，鼓起迈进新征程、奋进新时代的精气神。“人民英雄——国家记忆文库”的创作出版正当其时，为培养新时代合格社会主义建设者和接班人培根铸魂，为担当复兴大任的青年一代筑牢信仰之基，补足精神之钙。

讲好英雄故事，弘扬英雄精神，重点在“讲”，难点在“讲好”，关键是“弘扬”。大规模组织作家书写英雄、讴歌英雄，这是在新的时代背景下的一次有益的探索，也是文化工作者的优良传统。参与此次创作的有不少是军内外知名作家，他们怀着对革命英烈的一份最真挚的感情，克服新冠肺炎疫情带来的困难，不辞辛劳，深入革命纪念馆、烈士陵园采访调查，多方搜集素材，反复打磨，精心创作。经过各方面的努力，文库第一辑将陆续出版。第一辑有我党早期领袖李大钊、瞿秋白等，有革命战争年代的著名英烈方志敏、杨靖宇、赵一曼、张思德等，有青年英雄刘胡兰、雷锋等，还有新时期的英模焦裕禄、谷文昌等，毫无疑问，他们都是中国共产党最优秀的党员，是中华民族最优秀的儿女。他们永远值得大书特书！

作为一个年过九旬的老党员、老战士、老作家，我对英烈们的事迹都很熟悉，但阅读了作品后，依然心潮澎湃，感动不已。这些作品思想性、文学性、故事性、可读性强，既写出了英烈的光辉故事，也写出了英烈精神的传承故事，独具匠心；同时，很多作品充分利用纪念设施和相关文物，在物中见人见事见精神，在人、事、精神中见物，相得益彰，历史感、现场感强，让英雄人物和他们的精神品格在文学叙述中活了起来。

在中国共产党百年华诞的光辉历史时刻，国防大学军事文化学院组织创作了这套文库，用文学的方式回溯党史、军史，十分可贵，这是对我们伟大的党的最好礼赞，是为中国革命史做出的巨大贡献。中国青年出版社是红色出版的主阵地，《红旗飘飘》《红岩》《红日》《红旗谱》《创业史》等早已载入新中国文学史、出版史，影响了一代又一代人。我青年时期创作的长篇小说《我们播种爱情》最初就是由他们出版的。这一次军地联合行动，成果丰硕。我相信，随着第一辑的创作、出版，后续第二辑、第三辑的创作、出版会更有经验和信心，更多先烈的英雄事迹将栩栩如生地呈现在读者面前。

英雄永生的地方，就是我们的来处，就是我们的历史，就是我们的文化，就是我们的根，也是我们这个党、这个国家、这个民族自信的源泉。为英雄立传，为民族立心，为社会铸魂，功在千秋，善莫大焉。在此，对“人民英雄——国家记忆文库”的创作、出版致以敬意和祝贺。

是为序。

2021年6月18日

目录

Contents

狱中，她写下托孤遗书

到明天全国解放红日高照，
请代我把孩子来照料，
告诉他胜利得来不容易，
别把这战斗的年月轻忘掉，
告诉他当好革命的接班人，
莫辜负人民的期望党的教导！

——歌剧《江姐》第七场江姐唱词

一

故事从一封遗书讲起。

这是一封十分特别的遗书。一张淡黄色的毛边纸，纵14.5厘米，横13厘米，只有一个巴掌大小，信上的字迹娟秀，却挤挤挨挨、涂涂画画，随着时间流逝，字体已经有些漫漶而模糊了。

竹安弟：

友人告知我你的近况，我感到非常难受。么（幺）姐及两个孩子给你的负担的确是太重了，尤其是现在的物价情况下，以你仅有的收入，不知把你拖成甚么个样子。除了伤心而外，就只有恨了……我想你决不会抱怨孩子的爸爸和我吧？苦难的日子快完了，除了希望的日子快点到来而外，我想，什么都不能兑现。安弟！的确太辛苦你了。

我有必胜和必活的信心，自入狱日起，我就下了两年坐牢的决心，现在时局变化的情况，年底有出牢的可能。蒋王八的来渝固然不是件好事，但是不管他若何顽固，现在战事已近川边，这是事实，重庆在（再）强也不可能和平、津、穗相比，因此大方的（地）给它三四月的命运就会完蛋的。因此我们在牢里也不白坐，我们一直是不断的（地）在学习，希望我俩见面时你更有惊人的进步。这点我们当然及不上外面的朋友。话又得说回来，我们到底还是虎口里的人，生死未定，万一他作破坏到底的孤注一掷，一个炸蛋（弹）两三百人的看守所就完了。这可能我们估计的确很少，但是并不等于没有。假若不幸的话，云儿就送你了，盼教以踏着父母之足迹，以建设新中国为志，为共产主义革命事业奋（斗）到底。

孩子们决不要骄（娇）养，粗服淡饭足矣。么

★ 江竹筠狱中遗书。

（幺）姐是否仍在重庆？若在，云儿可以不必送托儿所，可节省一笔费用。你以为如何？就这样吧。愿我们早日见面。握别。愿你们都健康。

来友是我很好的朋友，不用怕，盼能坦白相谈。

竹姐

八月二十七日

“假若不幸的话，云儿就送你了，盼教以踏着父母之足迹，以建设新中国为志，为共产主义革命事业奋斗到底。”信写得字字戳心、句句催泪，而字里行间又坦露着极高的境界和无限的信心，多么豪气干云的人，才能写出这样光明无私的托孤遗书？！

如今，这件一级革命文物保存在重庆中国三峡博物馆。重庆中国三峡博物馆位于重庆市渝中区，正对着重庆人民大礼堂，其前身为1951年成立的西南博物院。2020年8月12日，我来到这里。虽然参观者必须戴口罩、出示健康码，但来此参观的人还是不少，排队的时间很长。我随意问了身边两个小朋友和两位中年女士，是否知道这个博物馆有一封“江姐遗书”。遗憾的是，大家都回答不知道。

遗书陈列在博物馆《重庆城市之路》展厅。隔着玻璃罩，我静静地站在这封遗书前，逐行逐字细细读着。整个展厅只有我一个人，我读了很久，一遍又一遍。

这个展厅没有声光色电，没有炫酷的科技和宇宙的浪漫，没有各种娱乐和消遣，只有与这座城市有关的英雄人物，他们保持着沉默。我不远千里、翻山越岭而来，只为来打捞那些血泪纠缠、硝烟弥漫的往事，向人们一一讲述。

重庆，如今是一座不折不扣的“网红”城市，说起洪崖洞、解放碑、朝天门等“网红”打卡地，很多年轻人都津津乐道，而这张小纸片背后隐藏的秘密，对他们而言，仿佛是陌生的。是的，这封遗书贮存着这座城市甚至这个国家过去与未来的红色密码，像一条绵绵不绝的河流，一直在流淌。

遗书写于1949年10月18日，农历己丑年八月廿七，是竹姐在重庆歌乐山一座叫渣滓洞的监狱里偷偷写下的，那是一间昏暗潮湿的女囚室。

二

竹姐就是小说《红岩》中知名度最高的烈士“江姐”，真名叫江竹筠。江竹筠1939年加入中国共产党，后任重庆新市区区委委员，负责学生运动工作。1947年11月，江竹筠与遗书中“孩子的爸爸”彭咏梧（原名彭庆邦）一起去下川东组织武装暴动。彭咏梧在暴动中壮烈牺牲，江竹筠继续坚持战斗，因叛徒出卖被捕。在狱中，江竹筠受尽了国民党特务的酷刑折磨，但她始终坚贞不屈，严守党的机密，维护党的尊严。

随着人民解放军胜利的消息不断传来，江竹筠一方面感到高兴，另一方面又惴惴不安，她隐隐感到，敌人会在溃败前进行大屠杀，恐怕永远等不到活着出去的那一天。骨肉亲情，母子连心，此时她心中割舍不下的是年仅三岁的儿子彭云，即遗书中的“云儿”。

女牢里，有个叫曾紫霞的女孩和江竹筠关在一间囚室，她们是互相信任的难友。

由于叛徒冉益智的出卖，曾紫霞与时任重庆市委沙磁区学运特支书记的未婚夫刘国鋕一起被捕。刘国鋕出生于四川泸州一个豪门望族，1948年8月，刘国鋕的五哥刘国錤专程从香港赶到重庆营救他，重金打点国民党保密局上上下下，希望对刘国鋕网开一面。收受巨额贿赂的特务头子徐远举同意放人，但要求刘国鋕登报发表退党声明。面对哥哥的劝说，刘国鋕说："不行，如果要我退出共产党，我活着也等于死了。"第二次，刘国錤又赶到重庆，拿出一张空白支票对徐远举说："你要多少美元，自己填，我们刘家只有一个要求，放人。"徐远举让刘国鋕写个悔过书就放人，面对这简单的要求，刘国鋕依然没有屈服。

再说曾紫霞，面对敌人严刑拷问，这个年轻的学生妹竟然十分坚强，她始终没有承认自己是共产党员，特务们觉得她只是刘国鋕的恋人，慢慢对她有所放松。而刘国鋕的家人一直在不遗余力地营救他们二人，徐远举得了好处，总得有所表示，于是他同意释放曾紫霞。牢中有一个被狱友们策反的看守叫黄茂才，他无意中得到了徐远举要释放曾紫霞的消息，就偷偷将此事透露给了曾紫霞。知道敌人将释放自己，曾紫霞首先把消息告诉了江竹筠，她知道江竹筠最牵挂儿子彭云，就让江竹筠给孩子写封信，趁她释放时偷偷带出牢房。

农历八月廿六这天夜里，趁看守不注意，江竹筠将吃饭时偷偷藏起的筷子一头磨尖，以筷为笔，又悄悄从棉被里扯出一些破棉花，蘸些油灯里的油，把棉花烧成灰，再用清水调一调，制成了墨水。她在攒下的一张毛边纸上开始给谭竹安写信，她清楚，这封信可能是自己的绝笔。

简陋的笔、纸、墨，书写起来很不流畅，她有满腔的话要说，但情长纸短，只能字斟句酌。在牢房里，还要时刻避开看守的监视，江竹筠只能把自己蒙在被子里，就着透进来的一点光动笔，信写得很慢很慢。

“友人告知我你的近况，我感到非常难受。幺姐及两个孩子给你的负担的确是太重了，尤其是现在的物价情况下，以你仅有的收入，不知把你拖成什么个样子。除了伤心而外，就只有恨了……”江竹筠的恨，是对国民党当局的恨，恨丈夫被杀害，恨自己身陷囹圄，恨不能照顾亲生骨肉……然而，虽然有对反动当局满腔的恨，她却对自己的行为欣然无憾，为党工作，为革命坐牢，什么样的苦痛她都能挺住。

“我有必胜和必活的信心，自入狱日起，我就下了两年坐牢的决心，现在时局变化的情况，年底有出牢的可能。”她当然满怀着出狱的希望，盼望着胜利的日子，但对敌人有可能“作破坏到底的孤注一掷”，她也做了充分的思想准备——铁窗之下，镣铐之身，生命随时可能被夺走。生死抉择，是衡量一个革命者的试金石，真有那样一天，她必能笑对屠刀，慷慨以赴。

“孩子们决不要娇养，粗服淡饭足矣。”苦寒砺真才，这样殷殷的嘱托，是朴素的共产党人在长期的革命斗争中悟出来的，是在那样的环境里总结出来的，饱含着一位母亲深深的慈爱。

江竹筠断断续续写了两天，才把这封信写完。曾紫霞出狱了，她把这封信缝在一件棉衣里，瞒天过海带了出去。

三

谭竹安是彭咏梧原配夫人谭正伦的弟弟，谭正伦就是遗书中的“幺姐”。

彭咏梧与谭正伦育有一子，叫彭炳忠。后来，彭咏梧离开老家云阳辗转下川东和重庆参加党的地下工作，与妻儿分隔两地。由于地下工作需要，组织上要求彭咏梧断绝与老家的一切联系，不能与家里通信联络，他们夫妻因此失去了音信。为了掩护彭咏梧开展地下革命工作，组织上安排他和江竹筠假扮夫妻，后来又根据工作需要正式批准他们结婚，婚后他们有了云儿。

当时，由于重庆《大公报》影响较大，坚持抗日立场，很多进步人士都为这家报纸工作，谭竹安从中央工业专科学校毕业后，想方设法进了大公报社。他从小受姐夫彭庆邦进步思想的影响，对革命者有一种崇拜心理，同时他心中还有个小算盘，就是想通过身边人去寻找姐夫。于是，进报社后他找准机会就与报社内外的进步人士广泛接触，还加入了中国职业青年社，这是我党的一个外围组织。

不久，谭竹安果真打听到了姐夫的下落，不过他听说姐夫已改名叫彭咏梧，并且另外有了家室。

谭竹安一直没有把这件事告诉幺姐，怕她承受不了这样沉重的打击。他想，只有找到姐夫，当面锣、对面鼓，也许才能真正掌握实情。

功夫不负有心人，他终于找到了姐夫彭庆邦，事情还得从一次巧遇说起。

那是1946年11月的一天晚上，谭竹安到重庆一家影院看电影，电影结束时，熙熙攘攘的观众中闪过一个熟悉的身影，那一瞬间，他感觉这人好像是自己的姐夫，禁不住喊了一声："邦哥！"

那人一回头——果然是彭庆邦。两人久别重逢，都激动不已。但当时不宜细谈，他们约定周六再碰面。

周六晚上，一家偏僻的茶馆。彭咏梧向谭竹安详细问了老家的情况，谭竹安告诉他，幺姐还在老家经营纺纱作坊，小外甥炳忠也已经上小学了。

考虑到谭竹安已是我党外围组织进步青年，彭庆邦便向他一一道清了自己的情况。他先向谭竹安解释了自己与家里失去联系的原因。他不能擅自与家人联系，这是组织的规定，况且在重庆他时时处于危险之中。接着，他讲了与江竹筠结婚生子的来龙去脉。

彭庆邦当年接受组织安排，从云阳秘密去重庆工作，是谭正伦依依不舍从云阳送走的。彭庆邦当时是地下党云阳县委书记，谭正伦以妻子的名义在云阳木古坝一带为丈夫做掩护工作，她知道丈夫此去是党的决定，既然他这么长时间不同家里联系，也一定是组织的安排。但幺姐不知道，后来丈夫与另一个女人结了婚。

彭咏梧请谭竹安向他姐姐转达歉意，说自己实在是身不由己。谭竹安嘴上虽表示理解，但内心仍替姐姐打抱不平。

与谭竹安会面后，彭咏梧对谭正伦和孩子的负疚感陡然加重。虽然彭咏梧极力掩饰，但细心的江竹筠还是发现了异常，便问：“四哥，你最近好像有啥子心事？”彭咏梧只好把偶遇谭竹安的事和盘托出。

江竹筠决定寻找机会与谭竹安接触接触，争取得到他和谭正伦的谅解，也为彭咏梧卸下心里的负担。

地下革命工作者，他们往往一边在危险的境地周旋，在不同的人群中出生入死，一边又要承担各种压力，关于家庭、道义、伦理，以及保密、误解、沉默……他们总是行走在生活的暗影里。

当时，江竹筠在重庆青年会工作。一天，从大公报社来了一位办事的青年，正好由江竹筠接待，当这位青年报出自己的名字叫谭竹安时，江竹筠心里一阵翻腾，她忽然想到，也许这是向竹安澄清误解的好机会。人生很多事情，只有勇敢去面对，才是解决之途。

谭竹安当然不知道江竹筠的身份，更不会想到眼前这位态度和蔼的女士就是彭咏梧的新妻。

待工作办毕，江竹筠热情地邀请谭竹安坐下来喝杯茶，还和他聊起了家常，谭竹安觉得江竹筠像个贴心的大姐，谈着谈着，就把一些心里话向江竹筠倒了出来。他说，他知道共产党人是为大众谋福利的，都是好人，不过有些人的做法也让人心寒，比如他的姐夫彭庆邦，上学都是靠他姐姐供出来的，但到大城市后就把家里人忘得一干二净，甚至做了陈世美，还美其名曰这是地下工作的需要。

江竹筠默默听着谭竹安的倾诉。听罢，她轻轻地说：“我就是江竹筠。”

谭竹安愣了。

“竹安，你是不是特别恨我？”

接下来，江竹筠把她与彭咏梧从假扮夫妻到遵照组织要求结婚的事，又前前后后讲了一遍。

她谈起自己在婚姻中的感受：“我们假扮夫妻两年多，没有做过逾越道德、对不起你姐姐的事，如果不是组织上根据工作需要，让我们正式结婚……这就是革命，不知哪天，我们都不得不面临生死危险。”

她说，他们夫妻俩其实一直生活在炼狱中，忍受着煎熬。地下工作太复杂了，如果与家人联系，万一暴露了身份，小则个人被捕牺牲，大则影响整个重庆地下党组织。

她希望谭竹安能理解他们这样一种从同志到战友、从战友到夫妻的情感。

听了江竹筠一席话，谭竹安陷入了沉思，他没想到江竹筠如此直率。

慢慢地，谭竹安看到在重庆从事地下工作的艰难和危险，也逐渐明白幺姐即使来重庆，也难以胜任掩护姐夫的繁重工作。他心里感叹道，姐夫也是不得已而为之啊。

四

1947年秋天，考虑到彭咏梧对下川东一带的情况很熟悉，有丰富的下川东地区革命斗争经验，中共川东临委决定委派彭咏梧赴下川东地区领导武装斗争，同时派江竹筠一起前往，由她担任川东临委与下川东地工委的联络员，协助彭咏梧工作。

夫妻俩欣然接受了这项艰巨任务。

> 【中国共产党重庆历史大事记】1947年11月，川东临委派彭咏梧从重庆带一批干部前往下川东，部署云（阳）奉（节）两巫（巫山、巫溪）的武装斗争；派邓照明为上川东第一工委书记，加强梁（山）、达（县）、大（竹）边区游击根据地的建设；派出一批干部和青年积极分子到华蓥山区与当地党组织配合，准备武装斗争。同时，通知川东各地党组织积极做好发动武装斗争和支援策应的准备。彭咏梧、江竹筠（负责与临委的交通联络）、吴子见（负责宣传）一行到万县，向下川东地工委传达川东临委在下川东农村开展武装斗争的决定。[①]

到下川东去，那是提着脑袋干革命啊，出发前他们必须把孩子彭云托付好。他们觉得最可靠和最合适的人，就是幺姐谭正伦。

因不能与谭正伦联系，让她来重庆照顾孩子这事，彭咏梧和江竹筠只好拜托谭竹安转告。

谭竹安听了夫妻二人的请求，一开始也有些犯难，因为姐夫再婚生子这些事，他还一直瞒着幺姐，现在突然提出请

---

① 《中国共产党重庆历史大事记（1919～2006）》，中共重庆市委党史研究室编，重庆出版社，2014年12月出版，第101页。

她来重庆带云儿，不知她能否接受。但他思索良久，还是满口应承下来。他认为幺姐一贯深明大义，相信她会答应来重庆。

谭竹安给幺姐写了一封信，一五一十地把彭庆邦离家以后的情况都说了，希望姐姐以顾全大局为重，来重庆和他一起照顾彭云。

夫妻俩就要出发去下川东了，但此时谭正伦还没到重庆，江竹筠决定先把云儿托付给好朋友王珍如照顾一段时间。

王珍如还是一个单身姑娘，在重庆北碚一所小学教书，她很快赶到江竹筠家里来接云儿。

这一去前途未卜，不知何时再见面，王珍如提议他们全家去照一张合影。

这张珍贵的合影，就这样保存了下来。彭咏梧和江竹筠身着正装，云儿身穿一件用美军毛毯改制的大衣，头戴一顶小军帽，还故意歪戴着。英俊的丈夫、温柔的妻子、可爱的孩子，其乐融融的一家人，一张多么温馨的合家欢照片！但为了让更多人得到幸福，这却成了记录他们一家团聚的唯一影像。

云儿就要跟王珍如走了，彭咏梧和江竹筠心里有种生离死别的难受感。江竹筠对王珍如说："万一我们回不来，你就当云儿是你的孩子吧！"这样的托付，让王珍如内心五味杂陈，她既感到朋友间无比的信任，又有些莫名的悲伤。

幺姐收到谭竹安寄回云阳的信时，已是1947年底了。

六年多来，她一直在等彭庆邦的消息，可她怎么也没料

★ 彭咏梧、江竹筠、彭云合影。

到是这样的结局，现在还让她去重庆帮忙带另一个女人生的孩子……独自饮泣，彻夜难眠，谭正伦在情感与理智之间挣扎。渐渐地，她冷静下来仔细思忖：彭庆邦和江竹筠干的是大事，他们为了这件大事连命都不顾，自己何必总陷在个人的恩恩怨怨中？如今他们让自己去带孩子，说明他彭庆邦没把我谭正伦当外人，彭云毕竟是彭家的后代，这个时候我哪能坐视不管？江竹筠为了革命，连自己的亲骨肉都舍得，我还计较什么？

她给谭竹安回了一封信，表示自己很快就到重庆。

1948年春节过后，谭正伦带着炳忠离开故乡，坐船来到重庆。此时，彭咏梧和江竹筠已受命奔赴前方。

谭正伦从朋友家将一岁多的彭云接了过来，抱着这个孩子，她眼泪直流，这泪水里有着太多复杂的味道。

此情此景，也是革命年代才有的悲喜人生。

为安全起见，谭正伦不能住在彭咏梧和江竹筠原来的家，在朋友关照下，她在七星岗重庆女青年会租了一间宿舍。她自己带来一些积蓄，弟弟谭竹安和一些朋友常来看望接济，日子总算能过。动荡时期，国民党政府发行的货币金圆券常常在一天内经历几次贬值，一张面值几百块的纸币，到了晚上只能买几十块钱的东西，民众叫苦不迭。在这样的环境里，谭正伦只能过着紧巴巴的生活。

她盼望着彭庆邦和江竹筠早日归来。

一天，谭竹安看到国民党几家报纸同时刊出“共匪”首领彭咏梧被击毙的消息，不禁大吃一惊，泪水夺眶而出。

他多么想这是一个假消息呀！可他内心清楚，邦哥一定是凶多吉少了。

但无论如何，坚决不能让幺姐看到这些报道，他急忙赶到女青年会附近，把那个片区有相关消息的报纸全部买了下来。

这时候，重庆大有“黑云压城城欲摧”之势，国民党狗急跳墙，开始了最后的疯狂，一批批共产党人相继遭到抓捕，谭正伦变得十分敏感，她处处如履薄冰，事事小心谨慎，提心吊胆地呵护着两个孩子。

有天夜里，谭竹安急匆匆赶来，进门就说：“共产党出了叛徒，竹姐在万县被捕了，特务肯定要来抓云儿，我们快躲！”

“云儿妈妈被抓起来了？那庆邦呢？”

“邦哥的消息，还……还不知道……”谭竹安一时语塞。

幺姐来不及细想，急忙收拾一些衣物，带着两个孩子匆匆出了门。

那是一段多么难熬的日子，谭正伦就像一个等待庄稼收获的农民，既担心天老爷作怪，又害怕野兽害虫侵扰，她急切地盼望着云开雾散的那一天。就这样，她带着两个孩子在山城重庆四处躲避，也使国民党特务利用彭云威逼江竹筠的企图落了空。

五

一天上午，一个身体虚弱的姑娘来到大公报社，找到谭竹安，说：“我叫曾紫霞，刚从渣滓洞监狱出来，这里有你一封信……”

江竹筠在狱中写的这封信，终于传递到了亲人手中。亲人们知道，她至少还活着。

然而，随着重庆即将迎来解放，敌人的大屠杀开始了。年仅29岁的江竹筠，于1949年11月14日在重庆歌乐山电台岚垭牺牲。

11月30日，重庆解放。几天后，重庆市军管会召开渣滓洞、白公馆遇难烈士追悼会，谭正伦、谭竹安带着炳忠和彭云，受邀参加追悼会。在回家的路上，幺姐搂着两个孩子无声地流泪，谭竹安明白幺姐的心情。竹姐已不幸遇难，邦哥仍下落未明，幺姐怎能不伤心难过？

他只好如实相告，说邦哥早在去年春上就在武装暴动中牺牲了。

幺姐心中虽早有不祥之感，但这仍是她最不想听到的噩耗。悲痛无声，万箭穿心，这种痛也越发让她坚强。这一刻，她突然明白，她将用一生去完成庆邦和竹筠交给自己的任务。

随着两个孩子慢慢长大，开始懂事，幺姐常常给他们讲爸爸彭咏梧、妈妈江竹筠的故事。幺姐文化程度不高，为让两个孩子继承烈士遗志，她费尽心思，通过查字词典、请教别人，把彭咏梧的事迹编成了《教子篇》，用以教育两个年幼的孩子。

咏梧生在旧社会，一无势力二无依。
父亲教书维家计，一家四口度日期。
父死咏梧刚五岁，祖母年迈七十虚。

从此生计无依靠，孤苦伶仃够惨凄。
母亲万般无可奈，独挑双肩过日光。
眼看孤儿年已长，设法让他上学堂。
……
为了人民得解放，忍饥挨饿走天涯。
不怕风吹和雨打，不惧枪弹钢刀杀。
……
要知幸福哪里来，千万烈士躺地下。
亲爱孩子记心上，社会主义要栋梁。
风里雨里共磨炼，一代更比一代强。
劳动锻炼不怕脏，刻苦学习无虚晃。
主席著作要常学，艰苦朴素切莫忘。
今日吃得苦中苦，将来接班才算强。
终生革命不动摇，帝修反坏齐扫光。
共产主义早实现，幸福生活赛天堂。
要把人类全解放，世界大同放光芒。

谭正伦把巨大的母爱倾注给了彭云，对自己的亲生儿子却很苛刻。有一口饭，她让彭云先吃；有一口水，她让彭云先喝；有一件衣，她让彭云先穿。即使生活最艰难时，彭云也始终没断过牛奶。

新中国成立后，怀着对彭咏梧、江竹筠的特殊感情，谭正伦也光荣地加入了中国共产党。入党那天，她激动地对两个孩子说："我也完完全全成了党的人，成了你们的爸爸和江妈妈那样的人！"

★ 谭正伦。

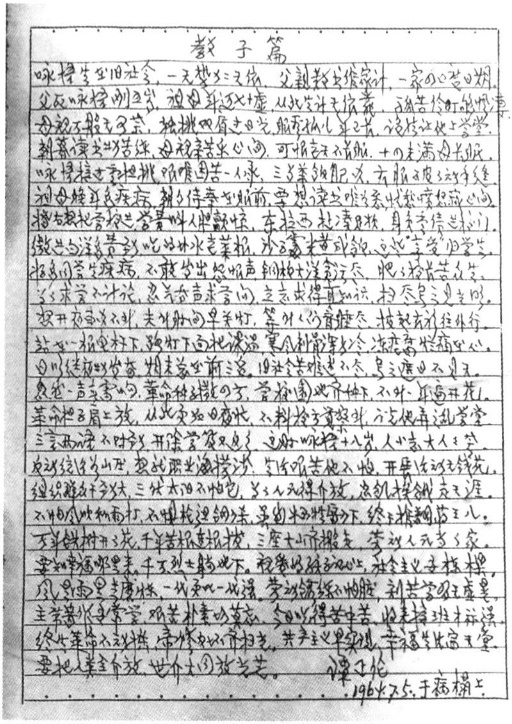

教子篇

谭正伦

1964.7.5. 于病榻上

★《教子篇》。

六

在谭正伦和谭竹安的悉心抚养下，两个孩子茁壮成长，炳忠考上了四川大学，彭云考上了中国人民解放军军事工程学院。

在重庆江北区一座退休干部公寓里，我见到了93岁的李玉珍老人。

李玉珍老人是个“苦出身”，15岁那年参加重庆女青会办的妇女识字班，1947年加入梁山、大足、达县地区川东游击队，1948年2月入党。江竹筠牺牲后，李玉珍受组织安排，回到重庆主城担任联络员，并帮助谭正伦照顾两个孩子。1986年，李玉珍从江北区供销社干果公司离休。

虽然年逾耄耋，但老人特别健康、特别精神，思路清晰，十分健谈。她说，他们当年做地下工作，第一强调的就是纪律，纪律就是生命，所有人员的联络都靠单线联系，“横不跨支，纵不越级”。当时江竹筠隶属下川东地工委，李玉珍隶属上川东地工委，她们之间没有工作交集，直到她来帮助谭幺姐照顾孩子，才陆陆续续知道了一些彭咏梧和江竹筠的事。

玉珍老人说，当年他们住在重庆中央公园那个地方，公园里面有所学校，她与谭幺姐一家吃住都在一起。幺姐一个人带两个孩子，李玉珍总是尽量多为她分担一些事情，除了自己负责的联络工作，基本上就是跟幺姐共同带孩子，幺姐对待小彭云明显要比对待炳忠好，虽然炳忠是她自己亲生的。玉珍老人说，她与两个小孩子也建立了很好的感情。炳忠后来当了四川大学的党委副书记；彭云长大后去了北京，再后来又去了美国，前些年还给她寄了东西来。

玉珍老人说，江姐以及在重庆“11·27”大屠杀中牺牲的烈士们，可以说是最悲壮的，她是烈士遇难后第一批赶到现场的，只见断壁残垣上到处都是同志们的遗体，地上血流成河……这些同志牺牲时新中国已经成立了，离重庆解放仅仅三天啊！

玉珍老人说，她虽然离休了，但不能离党，只有一直跟党走，才不会“老糊涂”。玉珍老人一直坚持参加党组织的学习和生活，坚持到群众中去作报告讲传统，弘扬江姐精神，她始终不忘初心，保持着一名共产党员的本色。

卢晓蓉是我国近代著名实业家、教育家、航运先驱卢作孚的长孙女，幼年时随祖父到香港，1952年随父母回到重庆上学。卢晓蓉与彭云曾在重庆同窗六载，她深情地回忆了与江姐这封遗书有关的一些往事。

有一年，红岩纪念展在北京中国国家博物馆展出，时年50岁的卢晓蓉已定居北京，在众多珍贵文物中，她找寻到那份记忆里的江姐遗书，站在这封小小的字迹模糊的遗书面前，久久不愿离去。

她小学五年级时，《重庆日报》曾用了一个整版的篇幅，详细报道江竹筠烈士的英雄事迹，当时班主任老师是教算术课的，却专门让出一节算术课为大家诵读报上的长文。读完文章，教室里已经哭成一片。那时，卢晓蓉就记住了江竹筠这个名字，也知道了江姐有个儿子叫彭云。

1959年9月，她上中学报到的那天，在花名册上惊讶地看到了彭云的名字。从此，他们成为中学同窗。

卢晓蓉回忆说，彭云小时候脑袋显得特别大，他戴着一副缺了一条腿的眼镜，一直用棉线代替那条眼镜腿，套在自己耳朵上。那时全班同学都是住校生，大家朝夕相处，亲密无间。

有一天，彭云请同学们去家里，给他们看了江姐遗书，大家如此近距离地读到了这封特别的遗书，无不为之感动。从此，他们班教室的墙上挂上了江姐的话："盼教以踏着父母之足迹，以建设新中国为志，为共产主义革命事业奋斗到底。"

1962年11月20日，重庆市博物馆举办了一次烈属座谈会，会上提出要搜集整理烈士遗物。参加会议的谭竹安告诉大家，他手上珍藏着一封江竹筠牺牲前写给他的亲笔信，随即将它捐赠给重庆市博物馆。这封"红色遗书"感动了千千万万人，也成为教育千千万万人的生动教材。

今天，在重庆云阳县莲湖公园，有一组名为"江姐托孤"的主题浮雕。湖水清澈，游人如织，典雅宁静的小城沐浴着和平的阳光。过往的人们，不时驻足细看这组浮雕故事，青灰的大理石上刻着江竹筠托孤遗书的内容，江竹筠被捕、入狱、受刑、写信的情景，也原原本本刻在了石头上。人们是否能够想到，70多年前，就是这个29岁的年轻女子，与她的爱人一起，在这片土地上进行着那些革命斗争。那些历经生与死的血色时光，照亮了今天这片阳光明媚的土地。

但愿，每一个享受着幸福生活的人，能把这雕刻在石头上的故事，也刻进自己心里。

2019年是新中国成立70周年，也是江竹筠烈士牺牲70周年，在这个特别的年份，曾经无数遍认真读过这封“红色遗书”的彭壮壮，决定给从未谋面的奶奶写一封回信。在信中，他深情地对奶奶说：

> 亲爱的奶奶，我是壮壮，您的孙儿。您虽然没有见过我，可如果您看到我，或许能认出我来，我继承了您的下巴和颧骨，继承了爷爷的眉毛和身材，在爸爸的脸上，在我的脸上，还能找到你们的影子……
>
> 奶奶，您离开我们70年了，可您没有被忘记，您也一直在我们的生命里，指引着我们前行。虽然没有见过您的音容笑貌，但是我们的脸上，都带着您的面容，我们的生命，是您的生命和爱的延续。
>
> 您的孙儿壮壮，写于您牺牲后70年。

她从江家湾走来

太阳出来辣焦焦，
众人捧柴火焰高。
不怕鬼来不怕难，
受苦人一定要翻梢！

——歌剧《江姐》第四场杨二嫂唱词

一

盛夏八月，我来到四川自贡市大安区大山铺镇。江竹筠的故居位于大山铺镇江家湾，占地面积300多平方米，属典型的川南农家房屋。故居门前是一条叫李白河的小河，周围有茂林修竹环绕，背后是官印山，景色十分优美。据记载，此地原名为朱家沟，后江家祖上从湖北迁来此地，逐渐改称江家湾。

江竹筠的诞生地，就是这个民风淳朴的地方。她出生于1920年8月20日，小名叫琴娃。琴娃的父亲叫江上林，母亲叫李舜华，还有一个弟弟叫江正榜。家里贫穷，只住着两间简陋的草房。江上林不安于农村田间的辛苦耕作，一直到处奔波谋生，不停地变换职业，在哪里也干不长久，常常是三五年才回家一次，小住几日又飘走了。李舜华对丈夫的流浪汉习气很失望，把希望寄托在孩子身上，她决心尽一切力量把两个孩子养大。

琴娃小时候常和伙伴们到李白河滩玩耍，那里的河水清澈见底，是孩子们最喜欢的地方。一天，有位在河边割牛草的妇女突发急病躺倒在地，机灵的琴娃飞也似跑去向大人们报信，大人们赶来，把那位妇女抬到牛背上，紧急送到诊所而使她得救。还有一天，琴娃跟一帮孩子一起下水捞虾米、捉螃蟹。因为河里淹死过人，妈妈知道后很生气，于是就动手打了琴娃，打完后妈妈又抱着她哭了起来，这是琴娃仅有的一次挨大人打。妈妈这种近乎苛刻的要求，使琴娃自小就懂得如何约束自己。

琴娃的外公李焕章是个木匠。那时洋人已来到自贡传播基督教，老实勤恳的李焕章时常到教堂找一些零活儿干，得到教堂神甫赏识，留下做杂工，家里从此有了稳定的收入，孩子们也有了读书的条件。但李焕章只让李舜华读了两年书，就把尚不满18岁的她嫁到了江家。李舜华独自一人支撑着家，抚养姐弟俩，生活非常艰难。琴娃从小学着照看弟弟，稍大一些，便跟着大人到地里拣粮食、打猪草，一回家就帮母亲烧火做饭。

琴娃幼时，去外婆家是一件很快乐的事情，外婆和幺姨都十分喜欢她这个大眼睛、话不多，却喜欢琢磨问题的小姑娘。幺姨上过教会小学，知道许多发生在清朝末年和民国初年的事件，总把这方面的故事讲给琴娃听，有时还带她到城里去。琴娃看到了很多奇怪的现象：一个肥壮的外国人，为什么要由两个瘦弱的中国人用滑竿抬着，气喘吁吁地跑？沿街都是面带饥色、骨瘦如柴的叫花子，但街上为什么还有那么多的鸦片烟馆、赌博摊子？

琴娃八岁那年，家乡发生大旱灾，农村粮食绝收，竟然到处饿死人。这时琴娃的外婆已到重庆与三舅李义铭在一起住，她来信叫李舜华也带着孩子去重庆。于是李舜华带着一双儿女离别了江家湾，从此再也没有回去。江家湾，保留着江竹筠的幼年时光，以及人们对儿时江竹筠的记忆。

二

为传承红色基因，大力弘扬江姐精神，大山铺镇经过多方查找资料、搜集文物，于2006年底重新修葺江姐故居。

2007年，江姐故居正式对外开放。2008年初，江姐塑像在官印山顶落成，塑像高度依照江姐牺牲的时间1949年11月14日定为11.14米，而官印山的石梯一共290级，象征江姐29岁牺牲。

江姐故居的解说员叫江梦婷，她是一名志愿者，本职工作是江姐村办公室的工作人员。江梦婷对我说，她是江姐村的年轻一代，也是江姐的晚辈，志愿当江姐村的解说员，完

★ 江姐故居。

全是受江姐精神感染。她十分珍惜这份不拿工资的工作，只要有人来参观，不管人多人少，她都充满热情，认真讲解。为了使自己的讲解更加丰富生动，江梦婷自费买了不少有关江姐的资料，一有空就认真阅读，以不断提高自己的解说水平。

江竹筠的堂侄江志刚，家就在江姐故居后面，他们一家也承担着江姐故居的管理工作。江志刚讲起他们小时候在场院看电影《烈火中永生》的事情来，令人唏嘘不已。

电影《烈火中永生》改编自小说《红岩》，当演到江姐接受无数次审讯，日日夜夜遭受酷刑，身体被极度摧残时，江竹筠的婶娘陈玉林发出一声哭喊："天啊，我的琴娃遭的罪太大了……"她这一哭，满场院的社员群众都哭了起来。从江家湾走出去的琴娃，不屈的江姐，她是家乡人民的骄傲，她的苦难也牵扯着家乡父老的心。

江志刚告诉我，自从江姐故居纪念馆建立后，前来参观和开展教育活动的人逐年增多，还有很多外宾自发前来参观。一位日本外宾曾对他讲："江姐不仅是中国的英雄，也是世界的英雄。"

2011年7月7日，江姐故居来了一位特殊的参观者——当年渣滓洞监狱的看守黄茂才。黄茂才是被狱友们感化、争取过来的"好特务"，为关押的同志们做了不少好事。此时的黄茂才已是头发斑白、年近九旬的老人，他这次来大山铺是为了祭奠江姐。正值盛夏，黄茂才顾不得天气炎热，挣开陪同人员搀扶，在江姐故居的铜像前含泪鞠躬，并深情地喃喃道："江姐，我来看您来了，您是坚强的革命英雄，我永

★ 作者采访江竹筠堂侄江志刚（右）。

远忘不了您对我的教育之恩！”在场人员都为之动容落泪。

黄茂才是自贡荣县人，家境不太好，中学毕业后，在川康绥靖公署副处长、同村老乡刘重威的安排下进了特务机关，做文书工作。1945年，渣滓洞监狱从绥靖公署调人，正好把黄茂才调了过来，就这样，他成了监狱的一名看守。生性善良的黄茂才从内心对共产党人比较同情，在与江竹筠的接触中不断受到感化，于是心甘情愿为狱中的囚犯通风报信。

新中国成立后，公安机关查到黄茂才的历史，随即将他抓捕。黄茂才也曾向公安机关申诉过，称自己为狱中的共产党人做过很多事，但由于知道他那些进步行为的人大都已经牺牲，他无法自证清白，只能无奈认罪，直到1964年刑满释放。

一晃到了1981年，重庆有关部门突然给他发来一封信。原来，档案工作人员在整理资料时，发现他曾为狱中志士传递信件，需要和他进行核实。经过认真调查，最终确认黄茂才是为革命志士传递过信息的人，而不是敌人的帮凶。至此他终于摆脱了污名，恢复了革命功臣的荣誉。

进了江姐故居，黄茂才边走边回忆他和江姐的故事。当年江竹筠为了“拉拢”他，还和女牢的难友共同为他织了一件蓝毛衣。黄茂才细细参观江姐及其家人用过的家具，向人们动情讲述当年关于江姐的点点滴滴。

参观完江姐故居后，老人感慨万千：“今天到江姐故居缅怀，让我无比激动，我永远尊重这些革命者，是他们改造了我！”

2020年，江姐故居增补为四川省第九批省级文物保护单位。如今，经过升级改造的江姐故居展览厅，向社会大众展出以“红色故乡”“江竹筠的童年时代”“江竹筠的青少年时代”“革命熔炉”“在烈火中永生”“永远的丰碑”为主题的江姐感人事迹，激励着前来参观学习的人们。

三

李舜华带着一双儿女离别江家湾，来到了大城市重庆。江竹筠和弟弟跟随妈妈找到了三舅李义铭家，见到了外婆。在外婆的竭力庇护下，他们留了下来。靠着妈妈给舅舅家做家务，江竹筠和弟弟得以进了教会孤儿院办的一所小学读书。学校专门聘请了有教学经验的教师授课，加上治学认真，管理严格，赢得了较高的社会声誉。江竹筠每天早早起床，帮妈妈做完事，然后带着弟弟准时到校上课。勤奋好学的江竹筠入学后，竟然三次跳级，只用三年多时间，就学完全部小学课程，成了孤儿院小学出名的学生。

江竹筠有个同班女同学叫何理立，也是一个自强自立的女孩子，她俩成了无话不说的好朋友。随着年龄增长，课本上的知识难以满足她们的求知欲望，她们就想办法到老师那里借阅课外书，只要有新书，便相互传看，还经常一起交流读书心得。两人都崇尚民族英雄，喜欢读英雄故事，诵英雄诗篇。从汉代的卫青、霍去病，到宋代的岳飞、文天祥，再到明代的戚继光、郑成功，清代的林则徐、邓世昌，这些英雄人物成了她们心中的楷模。

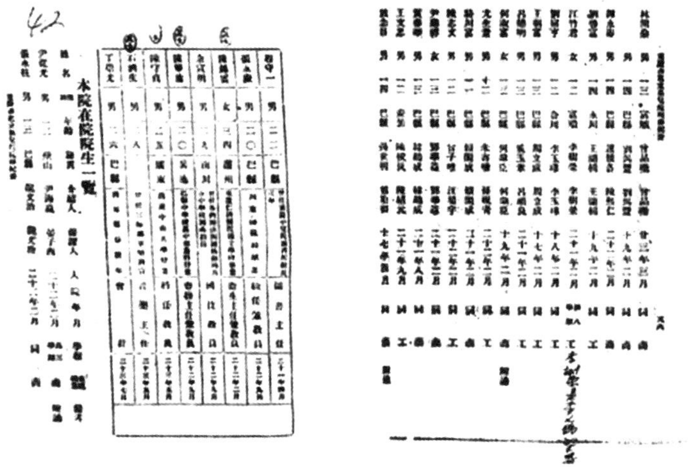

★ 重庆孤儿院保留的关于江竹筠的资料。

学校老师中，丁尧夫是江竹筠和何理立最敬佩、最喜欢的老师。丁老师的历史课既深刻又生动，也让她们知道了中国的近代史就是一部屈辱史。英帝国发动了掠夺中国的鸦片战争，八国联军侵略攻陷北京，日本帝国主义强占台湾、夺取中国东北三省，列强纷纷向中国索取巨额赔款，攫取中国主权，使她们感到极度愤慨。

有一次，她们去向丁老师借书的时候，丁老师先是到门外警觉地观察了一会儿，然后关上门，才从抽屉里拿出几本包着神怪小说封面的书，放在她们面前，并严肃地叮嘱她们："只许在这里看，不能拿走。"她们翻开书的封皮，却见里面包的是鲁迅的《狂人日记》、蒋光慈的《鸭绿江上》和郭沫若的《匪徒颂》，都是她们以前压根儿没见过的一类书籍。

慢慢地，丁老师的居室成了江竹筠、何理立等少数同学的秘密图书馆。当她们有问题时，丁老师总是耐心地给她们讲解，叫她们记在心里，到外边不要随意向陌生人讲，防止坏人告密。

一天上午，是丁老师的语文和历史课。但上课铃响了很久，却不见丁老师的身影。一会儿，校长带着另一名老师走进课堂，告诉大家，今后丁老师的课由这位老师接替。校长说："军事委员会重庆行营通知学校，丁尧夫有共产党嫌疑，已被别动队逮捕。"

丁老师的被捕，让江竹筠和何理立感到既震惊又愤恨。下课以后，同学们在七嘴八舌地议论，丁老师怎么会是共产党？丁老师既然是共产党，那共产党不就是一个好党吗？

不久，江竹筠家发生了一些变故。一天，竹筠回到家中，妈妈擦了一下眼角的泪水，对她说，他们要搬出三舅家了，房子已经看好，就在附近的临华街上。竹筠没有问妈妈这么急促搬家的原因，凭她对三舅家的了解，她知道搬家是迟早的事。三舅的小儿子已经长大了，不需要竹筠的妈妈照看了。妈妈看了看竹筠，叮嘱她和弟弟明天都不要请假，还是去上学，她自己搬家就行。

李舜华在临华街口摆了个烟摊。烟摊很小，总共只有两件家当，一个香烟架子陈列香烟，一只铁丝笼子装零钱。妈妈还利用晚上时间，帮人做点针线活和洗洗衣服，虽然日子很苦，但比在三舅家自在。江竹筠姐弟俩学习成绩一直不错，倒是让妈妈十分欣慰。

1936年秋，江竹筠从孤儿院小学毕业了，三舅得知后，出于给姐姐一点补偿的心理，出资让江竹筠去南岸中学读书。凑巧的是，何理立也去了那所学校，江竹筠当然很高兴。

12月的一天，江竹筠和何理立刚从长江轮渡上下来，便听见有人在岸边大声叫喊："嘿，蒋介石被张学良、杨虎城将军抓起来了！"她们看到一家店铺门板上贴着传单，写着张学良、杨虎城两位将军在西安实行"兵谏"、扣留蒋介石的经过，他们向全国发出了通电，提出抗日救国"八项主张"，号召全国停止内战、联共抗日。江竹筠读着"八项主张"，有一种耳目一新的感觉，"停止一切内战"不就是停止"剿共"、一致把枪口对外吗？"释放一切政治犯……"江竹筠眼前一亮，忍不住脱口而出："这么说丁老师可以放出来了！”她和何理立兴奋不已。

在南岸中学就读期间，江竹筠严格要求自己，学习起来十分刻苦，可以说是争分夺秒，每个学期都拿回了奖学金报答母亲。

“七七事变”后，日本帝国主义全面侵华，中国军民被迫奋起反击。日军虽相继侵占了武汉和广州等大城市，但在中国人民的英勇抵抗下，日军也损失惨重。随着战场的扩大，战线的延长，迫使日军不得不放弃速战速决的战略。江竹筠和大家一样，关注前方战事，积极投身抗日救亡运动。一个个振奋人心、鼓舞斗志的抗日消息，从全国各地传到重庆，又从重庆传到南岸中学。街头到处是宣传抗日的团体，到处是为前方将士募捐的人群。江竹筠参加了歌咏队，她和同学们唱着“向前走，别退后，生死已到最后关头！同胞被屠杀，土地被强占，我们再也不能忍受！”每每唱到这里，大家早已热泪盈眶，心中激荡着为挽救民族危亡而不惜牺牲一切的激情。

重庆成了战时的陪都，让江竹筠欣喜的是，八路军办事处设到了重庆，新华日报社也搬到了重庆，读书生活出版社、生活书店以及许多著名抗战领袖和文化名人，都到重庆来了。

日寇不断对重庆发动空袭，南岸中学被当局迁往江津县。

江竹筠没有随南岸中学迁移，她考进了中国公学附属中学继续读高中。何理立没有同江竹筠一起考入中国公学附中，而是到铜梁上高中去了。

四

走在重庆沙坪坝区回龙坝镇的老街上，我有些恍惚，一部分老街还刻意保存着旧时模样，建在山脊之上的街道，民居、店铺、商号分布左右，吊脚式的建筑格局很有民族特色，茶馆、招牌、学校、石板路、老柜台……时光的痕迹里，我仿佛看到一个青春欢快的身影在老街上跳动。

对，那就是江竹筠。过去这里叫兴隆场，属巴县。中国公学附属中学就在兴隆场，距重庆城区有几十里。

江竹筠进入中国公学中学部后，发现兴隆场虽是个乡间小镇，却也有国民党当局的人在学校监视着师生的一举一动，只要发现谁在读进步书籍，或参加了抗日救亡的宣传活动，他们就会给谁扣上一顶“异党嫌疑”的帽子，并实行盯梢，甚至暗下毒手。

江竹筠慢慢发现，班里有个比自己成熟老练的女同学叫戴克宇，常常独自到安静的地方看书、温习功课，她很想知道戴克宇读的是什么书。一天，江竹筠悄悄向戴克宇走去，见江竹筠走过来，戴克宇直接把手中的《西游记》递给了她，江竹筠翻开封皮，发现竟是一本艾思奇的《大众哲学》。

原来，戴克宇就是自己想靠近的人。戴克宇时常借给江竹筠一些难以见到的书报，如《新华日报》和《群众》杂志，还有毛泽东的著作和有关共产党的书籍。

每看完一本书，她们总要一起谈感想。戴克宇向江竹筠谈起中国共产党如何进行土地革命战争，如何领导红军进行二万五千里长征，如何正确地处理西安事变等，令江竹筠对她产生了一种由衷的敬佩。

一天，戴克宇带来的报纸上刊有一篇屠格涅夫的散文诗《门槛》：

> 正面一道窄门大开着。门里一片阴暗的浓雾。高高的门槛外面站着一个女郎……一个俄罗斯女郎。
>
> 浓雾里吹着带雪的风，从那建筑的深处透出一股寒气，同时还有一个缓慢、重浊的声音问着：
>
> “啊，你想跨进这门槛来作什么？你知道里面有什么东西在等着你？”
>
> “我知道。”女郎这样回答。
>
> “寒冷、饥饿、憎恨、嘲笑、轻视、侮辱、监狱、疾病，甚至于死亡？”
>
> “我知道。”
>
> “跟人们的疏远，完全的孤独？”
>
> “我知道，我准备好了。我愿意忍受一切的痛苦，一切的打击。”
>
> ……

江竹筠看得心潮澎湃，她感受到了一种从未体验过的力量。她问戴克宇：“是什么力量支撑着这女郎那样坚强？”

戴克宇的回答铿锵有力：“信仰！”

江竹筠第一次听到“信仰”这个词。她对这个词还似懂

★ 戴克宇。

★ 读高中时的江竹筠。

非懂，却体味到了一种特别的神圣感，她不由得想起了丁尧夫老师，他也是因为有了信仰，才有了人生的方向。

好几个星期天，江竹筠都跟着戴克宇去附近镇上进行抗日宣传。那些鬼鬼祟祟的人在暗中监视她们，但这些人并不认识她们，加上大家返回时特意分散绕道而行，最终也没被抓到什么把柄。每次参加活动回来，江竹筠都像是接受了一次思想上的洗礼，异常兴奋和激动。她听说许多青年投奔到了革命圣地延安，忍不住问戴克宇："我也想当一个真正的革命者，到延安去。"

"重庆八路军办事处和新华日报那些同志，不都是从延安来的吗？为什么只有到延安去，才算参加革命呢？"

江竹筠眼前一亮："你是说，在重庆，也能参加革命？"戴克宇点头笑了。江竹筠眼里闪着激动的光芒，她十分恳切地请求戴克宇带她参加革命。戴克宇凝视着江竹筠因兴奋而闪亮的眼睛，轻声说："那可是十分艰巨十分危险的事。"

"我早想过了，请相信我！"江竹筠坚定地回答。

戴克宇早在1938年就入了党，但她不能违背组织原则，轻易暴露自己的身份。中国公学附中其实已经成立了地下党特别支部，特支书记是高中乙班的男生李培根，戴克宇是特支委员。

蒋介石表面上答应国共合作抗日，骨子里却一直奉行"攘外必先安内"的方针。1939年1月，国民党五届五中全会在重庆召开，进一步确定"溶共、防共、限共、反共"的反动方针，真面目更加昭然若揭。

在国民党新一轮反共浪潮中，中国公学内的"三青团"

分子加大了对进步师生的监视和恐吓，许多进步学生对现实越来越感到苦闷彷徨。

这种情绪也深深影响着江竹筠，她找到戴克宇，表示不想在中国公学读书了，她要融进斗争的洪流中，去寻找党的组织。

戴克宇听了江竹筠的诉求后，表面不动声色，背后却兴奋地找到李培根，告诉他江竹筠明确提出要加入党组织。两人都觉得，江竹筠很有觉悟，已逐渐成熟，符合一个党员的标准。

按照李培根的指示，戴克宇告诉江竹筠："你写个正式的申请吧，然后填个表，我做你的入党介绍人。"

江竹筠激动不已，她们的双手紧紧地握在了一起，两个热血青年的心也紧紧地融在了一起。江竹筠的志愿书和入党表格很快送到了李培根手上。

1939年夏天，江竹筠迎来了人生的一个重要时刻。在李培根和戴克宇的见证下，她举起自己紧握的右手，向党庄严宣誓，光荣地加入了中国共产党。

共产党员江竹筠，从此开启了一条荆棘密布的人生旅途，她认定这条路充满了光。

入党之后，江竹筠感到浑身平添了许多力量，她太兴奋了。她写信给何理立，信写得简单含蓄："你还记得丁老师吗？我仿佛找到了他，你找到他了吗？"

何理立的回信也一语双关："条条道路通罗马。"

原来，何理立也入党了。

不知是组织的有意安排还是命运的机缘巧合，江竹筠与何理立，这一对从孤儿院小学就在一起的姐妹，她们的人生既起伏跌宕又紧密相连，她们未来的伴侣和后代，也将与这个多灾多难却屹立不倒的国家一道，续写绵延一个个悲欢离合的故事。

五

江竹筠涉世未深，对于外界来说，她还是一张白纸。重庆地下党出于长远工作考虑，目前交给江竹筠的任务只有两个字——“隐蔽”。

进步学生时常组织一些时事讨论活动，他们毫不掩饰地对当局进行批评，这种活动充满了反叛的味道，也传递着进步的气息，但江竹筠却不能公开参与这些活动，因为她的任务是“隐蔽”。其他进步同学可以在那里激情澎湃地发表时局演讲，可以半公开地接受或安排一些地下工作，而江竹筠常常只能在角落里安静地倾听，她从不轻易发表看法。在学校，当进步同学组织歌咏会、创排话剧时，酷爱唱歌表演的江竹筠也只能克制着自己，当一个别人眼中的“看客”。这段时间对江竹筠也是一种历练和煎熬，内心澎湃着激情，表面却要冷静而克制，胸中汹涌着激烈的岩浆，也只能在暗夜里沉默。

靡不有初，鲜克有终。江竹筠慢慢懂得，坚持、忍耐、冷静是一个地下工作者必须具备的优秀品质，这种严格自律的“隐蔽”锻炼，对今后的工作也许更加重要。

1939年12月，蒋介石命令胡宗南向陕甘宁边区发动进攻，掀起了第一次反共高潮。在国统区，国民党肆意逮捕共产党人，重庆很多地下工作者因此与组织失去了联系。面对这种情况，中共中央南方局作出收缩党组织的决定。

国民党制造的反共高潮很快蔓延到中国公学附中，学校的气氛顿时紧张起来。戴克宇和李培根等按照组织安排，纷纷转移到了其他地方。

江竹筠由于隐蔽得很成功，被组织上留了下来，她成为这段时期中国公学附中最“安全”的地下党员。正因为如此，考验她的时刻到来了。由于她办事可靠稳妥，讲策略方法，不显山露水，组织上把她安排进了重庆中华职业学校，做学校地下党负责人。这所学校是由进步民主人士黄炎培创办的，校风开明，学校上下有亲共倾向。在这里，江竹筠惊喜地发现，何理立也来到了中华职校，她们又在一起了。

1941年1月，爆发了震惊中外的皖南事变，新四军损失惨重，蒋介石公然将枪口对准了共产党的军队，但全国老百姓一时还不明白这是国民党玩的一出狠毒的阴谋。

鉴于这种情况，中共中央南方局准备疏散一些人员去延安。对延安向往已久的江竹筠再也按捺不住了，她花了一整个晚上，写了一首散文诗——《到解放区去！》。这首散文诗倾注了江竹筠充沛的情感，她改了又改，然后工整地抄写在信笺上：

我要到敌后，到解放区。

我厌恶，住在腐烂了的这些城市，眼看烂下去。

我恨不得，早点离开那政客们所玩弄，就是特务的盯梢，狞笑和狂吠的这些学校。

烈火，在地面燃烧；烈火，在我心里燃烧呵！

我已经，决定了我就要到敌后，到解放区。

我没有想，我要躲避讨厌的环境；到另一个村落；

去看看星星，白云，听流水的声音，赶走现实的丑恶，空虚和灾难。

我潜入敌后，并不是要伴爹娘妻子，做安分的奴隶，或者我到解放区，只是仅仅为了，去看看新奇的东西；

去采摘由人民，播了种，开了花，在民主的欢笑声中，收获下来的幸福的果实。

不，我去，是为着这里有无数痛苦贫穷的农民，他们张开含泪的眼睛，伸出求援的手；

这里有无数的市民，他们窒息在无望之中，要求着世界来一个改变。

因为他们，需要一个新的年头。

在敌后，在解放区呢？

信仰共产主义的江竹筠，以自己年轻的觉悟，看到了如此深刻的社会大势，她以充满文学天赋的笔触，写下了自己的理想之歌。

拿着这首散文诗，她找到党组织负责人，郑重提出去延安的请求。

这位负责人被她的诗感动了，但面对重庆的斗争形势，他不得不对她说："安排你隐蔽下来，就是为以防万一，现在形势这么紧张，你留下来，对党的工作更有利。"她只好服从组织上的安排，扎根于群众当中，隐蔽于群众之中。

中华职校的政治氛围浓郁，持各种政治立场的人都有，社会上发生的每一件热点事情，都能在这里引起不同的反响。江竹筠着手策动学校和附近的地下党员进行活动，她与进步同学一起办壁报、组织歌咏活动，与猖獗的"三青团"分子唱起了对台戏。何理立自然是她非常信任可靠的帮手。

为揭露国民党顽固派的阴谋，周恩来在《新华日报》上为皖南事变遇难将士题词："千古奇冤，江南一叶；同室操戈，相煎何急？！"这一招让国民党当局十分害怕，若报纸发行到民间，事变的真相一下就会败露。于是，《新华日报》遭到禁售，"异党暴乱"的假新闻也一时甚嚣尘上。为了给予国民党有力反击，组织上抓紧制作了一批印有宋庆龄、柳亚子、何香凝等爱国人士对皖南事变发表的声明传单，交给江竹筠等地下工作者广为散发。

怎么神不知鬼不觉地把传单散发出去呢？江竹筠把何理立找来一起商量对策，她俩费尽心思，终于想出了一个办法。

她们决定以自己宿舍的名义，在宿舍楼头大厅组织一次交谊舞会，邀请各年级的同学都来参加。舞会海报很快贴出去了，她们还专门为此准备了水果和饮料。舞会那天傍晚，果然来了不少同学，他们一边吃水果一边跳舞，一直跳到熄

★ 重庆中华职业学校颁发给江竹筠的修业证明书。

灯前才兴尽而散，同宿舍的其他同学也早已疲倦不堪，很快进入了梦乡。

半夜，江竹筠和何理立拿出藏好的传单，悄悄出了宿舍，将传单散发到学校的各个地方。

第二天一早，全校一片轰动，学校师生争相传阅这些传单。学校的“三青团”分子到处查找传单的来源，却没能找到蛛丝马迹。不久，传单从学校传到了社会上，人们明白了事件的真相，很多老百姓彻底放弃了对国民党的幻想。

江竹筠以她一贯的沉稳作风，出色地完成了党组织交付的任务。从此以后，上级经常把一些更为重要的机密任务交给她去执行。不久，江竹筠被任命为新市区区委委员，她的公开职务是重庆妇女慰劳总会的办事员，负责秘密联系新市区和沙坪坝一些高校的党员。

从学校走向社会，江竹筠的工作环境更为危险。为帮助她尽快适应新的工作方式，川东特委的宋林向她传授了许多地下工作经验，比如言行举止要符合自己的社会身份，接头前要约定好公开的社会身份和关系是什么，一旦被捕首先想到要保护组织，做好随时牺牲自己的准备。

“最普通的人就是最秘密的人”，江竹筠把宋林这句话深深记在心里。每天早上，她从观音岩的家中步行去曾家岩上班，途中要经过国民党特务机关总部，随时会遇到特务暗探的跟踪盘问，下班后还要安排时间到沙坪坝一带去联系同志，几乎整天都处于高度紧张之中。她把宋林传授的宝贵经验运用到工作实践中，向同志们传达上级文件和指示时，总是先将内容记熟才出发，不随身携带任何可能暴露身份的证据。她每次去学校接头时，都穿一身简单的学生服，一点也不引人注目。江竹筠在斗争中成长、在战斗中历练，逐步积累了较为丰富的地下工作经验。

他从彭家湾走来

曾记得长江岸边高山上，
红旗下是你介绍我入党。
曾记得罢工怒潮卷巨浪，
浪涛中你昂首挺立最前方。

——歌剧《江姐》第二场江姐唱词

一

苦难的中国筚路蓝缕，在漫长岁月中，中国革命能够取得一个又一个胜利，乃因有无数甘愿以身扑火的勇士，他们用伟大的牺牲铺开了一条洒满鲜血的长路，他们是高尚的灵魂、革命的先驱。江竹筠的丈夫彭咏梧，就是这样一个人。彭咏梧不仅是江竹筠的丈夫、革命伴侣，更是她的直接领导、人生楷模和精神导师。

若要读懂江竹筠的精神世界，必须先走进彭咏梧的人生轨迹，去看看这是一个什么样的革命者。

江竹筠出生在江家湾，彭咏梧出生在彭家湾。

2020年8月15日，我来到重庆云阳红狮镇彭家湾。一个山腰上的小村落，不多的几户人家。彭咏梧家的老屋早已不存，只剩下一个房屋基址，几位老乡引我看了老屋地基的位置，天井地面还铺着青石板。一位彭咏梧堂侄辈的老乡对我说，他小的时候，咏梧叔叔家的房子还在，前些年彭云曾经回来省亲，彭咏梧的孙子彭壮壮也回来过。

彭家湾下面不远，就是红狮镇。镇里的广场上矗立着彭咏梧、江竹筠烈士纪念碑，纪念碑塑像高约五米，彭咏梧和江竹筠携手并肩、挺胸昂首，站立在苍松翠柏之中。这座纪念碑从前位于云阳老县城的人民广场，我上小学时，每逢清明都要去祭扫。因为三峡工程蓄水，云阳老县城搬迁，2012年8月人们将这座纪念碑迁到彭咏梧故居来了。

彭咏梧小学在红狮镇上，其前身是始建于1934年的红狮小学。彭咏梧纪念馆位于彭咏梧小学校园内，彭咏梧曾在这里读书、教学以及从事党的地下工作。1996年5月，为了缅怀烈士彭咏梧，云阳县政府将红狮小学命名为咏梧小学，后来学校再次更名为彭咏梧小学。1998年4月，彭咏梧纪念馆被列为爱国主义教育基地。

彭咏梧纪念馆是一座青砖黑瓦的二层土木楼房，古朴而典雅，属传统的川东民居。纪念馆内陈列着毛主席亲自为彭咏梧签发的革命烈士证等52件珍贵文物和复制品，以及彭咏梧用过的家具和一些书信。有间彭咏梧寝室，摆放着他生

★ 彭咏梧、江竹筠烈士纪念碑雕塑。

前的生活用品，普通的油灯、书桌及笔墨纸砚，散发着革命时代的气息。沿曲折的石梯下到一楼小院，院子里安放着一尊彭咏梧烈士石雕像，他目光炯炯，坚毅的面容含着几分微笑，似在对每一位参观者致意，又仿佛在对人们说：你们大家幸福快乐，就是我最安心的事。

正值暑期，彭咏梧小学已经放假，但这天正赶上县团委、县教委和县文明办在学校举行关爱农村留守儿童的“七彩假期”志愿服务活动，有一百多个留守儿童在校，一些回乡的大学生志愿者正为孩子们辅导学习、表演文艺节目。我想找两个孩子聊聊，一会儿，男孩李宇浩和女孩童嘉欣在四川外国语大学女学生刘宜的带领下，坐在了我对面。留守儿童给我的印象，似乎都有一颗敏感的心，让人轻易不敢触碰。李宇浩说，父母一直在太原打工，因为疫情，他已经一年多没见到父母了。童嘉欣轻声告诉我，是爸爸妈妈在上海打工时生的她，他们至今还在上海打工。说着说着，她哭了起来。我问他们，你们学校为何叫彭咏梧小学，他们认真地回答说，是为了纪念红岩烈士彭咏梧。李宇浩还告诉我，他是彭咏梧烈士纪念馆的小小解说员，并为我背诵了一段解说词：

纪念馆以时间为轴线，将彭咏梧事迹分为《激流勇进革命路》《一片丹心映红岩》《翻江倒海闹川东》《血染巴山存浩气》《烈士血凝万代心》五个部分，通过实物、图片、文字、音频、视频将彭咏梧烈士“为民吃尽天下苦，甘洒热血染山河”的光辉一生娓娓道来，真实

★ 复原的彭咏梧寝室。

再现了彭咏梧烈士在革命道路上的感人故事，充分印证了在那个血雨腥风的年代里，仁人志士为了解放旧中国、建立新中国抛头颅洒热血，风雨同舟、大义凛然、视死如归的高风亮节……

在孩子的解说里，一个身着旧长衫、手提竹篾书箱的彭咏梧，仿佛来到我的眼前……

二

彭咏梧原名彭庆邦。

彭家祖辈一贯重视文化教育，讲究诗礼传家，教育子孙修身齐家治国平天下。彭庆邦的祖父彭会涂，出生于清朝末年，家中有七八亩薄田，他虽饱读诗书，满腹经纶，但时运不济，科举一次次名落孙山，最终只落得招几个乡下蒙童，凑合着在离家不远的学堂开设私塾，做起塾师养家糊口。彭会涂的独生子彭承祥，亦未实现“治国平天下”的意愿，同样做了私塾先生。彭承祥娶了云阳龙洞董家坝的桂家姑娘，她于民国四年春二月生下一子，这又是彭家的独根苗。想到儿子出生在清朝谢幕、邦国新建之时，乃是值得庆贺之事，彭承祥便给儿子取名庆邦。

小庆邦在祖辈和父辈的疼爱中一天天长大，5岁那年，灾难突然降临，正值中年的父亲因肺痨引起大出血，一时无法抢救，过早离开了人世。不久祖父也病故了。小庆邦与祖母、母亲相依为命，艰难度日。母亲体弱多病，家里的田地根本无力耕种，加之军阀割据，苛捐杂税多如牛毛，家中年年债台高筑。董家坝的外婆，为减轻女儿生活的压力，便将小庆邦接到董家坝抚养，外婆对这个聪明伶俐的小外孙十分喜欢。

守寡的母亲把一切希望都寄托在庆邦这根独苗上，等他长到上学读书的年龄，便铁了心，哪怕生活再苦再难，也要送庆邦进学堂知书达礼。“彭家的文脉不能断！”这是祖父和父亲两代“先生”临终的嘱托。

彭庆邦被接回了红狮坝上学读书，他自小聪慧，又勤奋好学，学业成绩总是名列前茅。

高小毕业，彭庆邦考上了云阳县立初级中学。云阳中学是县里的最高学府，选聘的师资多为博学多才之士，有的老师思想还比较进步。

彭庆邦到云阳中学上课第一天，有一堂历史课。学校的吴校长陪着教历史的肖老师走进教室，向同学们介绍这位肖老师是北京大学的历史高材生，学识很渊博，希望同学们认真听讲，学好这门功课，一定会得到很大的教益。

肖老师开始上课了，他充满激情地说：“在太阳升起的东方，在一片锦绣山河的大地上，中华民族傲然屹立，创造了十分辉煌灿烂的古代文明，这就是我们四万万华夏同胞的伟大祖国！”肖老师开头的这几句话，一下子便把彭庆邦和全班同学的注意力吸引住了。肖老师接着讲：“我们祖先有造纸、指南针、火药和印刷术四大发明，对世界文明作出了巨大贡献。然而，我们伟大的祖国，在近代历史上却蒙受了巨大的耻辱。”肖老师满含悲愤，向同学们讲述鸦片战争、甲午海战，直至讲到“华人与狗不得入内”的百般侮辱。“同学们，国家兴亡，匹夫有责，复兴中华的重任，今天落到了你们的肩上，希望你们不断努力不懈奋斗！”

原来，肖老师是中共地下党员，他经常在课堂上谈一些进步言论，彭庆邦也时常独自去找他聊天，在肖老师那里借阅进步书刊，从他身上开始接触一些革命道理。

在这种氛围的熏陶下，进入中学的彭庆邦更加发奋学习，文理科成绩都很好，门门功课都是优秀。

1931年9月18日，爆发了震惊中外的九一八事变，日本帝国主义开始明目张胆地以武力侵略中国。此时的中国，正是一个“不在沉默中爆发就在沉默中灭亡”的时代，也是一个激情像干柴噼啪燃烧的时代。九一八事变带给中国人的屈辱，如那首《松花江上》悲切无比，蒋介石一纸不抵抗的电报，让张学良的19万东北军不战而退，东北三省瞬间丢失。一时间，反对日本帝国主义的工人学生罢工罢课、游行示威浪潮席卷全国。

云阳县城里，含泪的青年学生纷纷走上街头，大声疾呼。年少的彭庆邦也加入了游行的队伍，他慷慨陈词，当街发表讲演：“日本帝国主义妄图亡我中华，政府竟然下了不准抵抗的命令！短短两个月，日本人占了东三省，同胞被奴役，国土被践踏！有良心的中国人能容忍这样的耻辱吗？谁不抗日，谁就是中华民族的罪人，我们就打倒谁！我们不当亡国奴！”

正当彭庆邦和同学们热火朝天地参加这些救亡活动时，学校当局向全校宣布：“师生应以教学为主，不得丢下书本干扰国是，抗日与否乃国家之大事，民族之大局，自有领袖做出英明抉择，毋庸各界人士妄加议论，全校师生不得违抗，违者严惩不贷。”

云阳中学师生的请愿示威活动，在校方的严格管束下，暂时停止了。彭庆邦和班里的同学不甘心，他们分头行动，偷偷把“抗日救亡、还我河山！”“枪口对外、收复失地！”“为东北死难同胞复仇！向日寇讨还血债！”“把日本强盗赶出中国去！”等标语贴到县城大南门、小东门一带行人来往较多的地方。此前被县政府当局强行压下的抗日烈火，又被彭庆邦他们这些标语点起来了。

云中学生违令公开宣传抗日的消息，很快传到县政府，县政府派人到学校追查此事。天下没有不透风的墙，彭庆邦这个领头的被查了出来，当局要求学校开除彭庆邦。

母亲桂氏得到这个消息，焦急万分，知道庆邦闯了祸，她顾不得自己正病重，慌忙赶到董家坝向娘家求救。彭庆邦的外婆只好到处托人找关系，总算保住了他的学籍。

母亲桂氏生怕儿子再闹出什么乱子来，决定趁早给他说个媳妇，好让他安定下来。

不久，桂氏娘家小姑给介绍了一个姑娘，名叫谭正伦，家就在长江对岸的故陵沱。小姑说，谭家父母老实厚道，对姑娘管教很严，还送她读过两年私塾，她是个勤快温顺、知书达理的女娃子。

寒假到了，彭庆邦回到家，得知母亲和祖母要为他定亲，立马表示不满：“哪有一个中学生娶媳妇的事，你们还让不让我读书了？”可是两位长辈大有庆邦不同意决不罢休之势。

彭庆邦是个孝子，最后只好同意，遂了母亲和祖母的心愿，这门亲事就这样定了下来。

谭正伦比彭庆邦小两岁，相貌清秀，举止端庄，从小就懂得孝顺父母，尊敬长辈。自从她和彭庆邦订婚以后，红狮坝家里有了什么急事，桂氏就把这个未过门的媳妇喊来帮忙。谭正伦聪慧勤劳，一切家务杂活，拿得起放得下，深得桂氏欢心。

但不久桂氏病倒卧床不起，谭正伦常来病榻前问候未来的婆母，悉心侍候。桂氏的病还是不见好转。她弥留之际，看着昏黄灯光下守候在床前的庆邦和正伦，紧紧拉住两人的手，嘱咐他们早日成亲，支撑起彭家的门户。

母亲离开了人世，彭庆邦和谭正伦在父母灵前磕了头，正式结为夫妻。不久老祖母也辞世了，为了养家糊口，彭庆邦被迫向学校申请休学，像祖父和父亲那样，拎起书箱当了私塾先生。

但他心里还念着云阳中学的生活，他多么向往城里的革命浪潮！

谭正伦明白丈夫内心的想法，她决定独自挑起持家的担子，供养丈夫继续完成学业。这个想法让彭庆邦十分感动，他不想拖累妻子，但谭正伦主意已定，她说："你继续念书，也是妈临终前的意思，你念不好书，我怎么能心安？"

春节过后，辍学一年的彭庆邦告别谭正伦，再次进入云阳中学学习。

三

彭庆邦回到学校，没想到离开学校这一年里，云阳县城的革命进行得如火如荼，发生了很多大事。彭庆邦已经感受到了那种时代奔涌而来的气息，他暗暗定下目标：一定要找到共产党。

1937年七七事变爆发，日本发动了全面侵华战争。国难当头，彭庆邦考入四川省立万县师范学校，这里有光荣的革命传统，五四运动时萧楚女曾在此任教。万县师范学校在地下党万县中心县委领导下，已经建立地下党总支部，各个班级又建立了分支部。1938年秋，彭庆邦在同学王夔的介绍下，加入了中国共产党。彭庆邦学习勤奋、沉稳干练，同学们都很尊敬他、信任他，刚入党他就担任了分支部书记。

由于四川是抗日的大后方，日本侵略军的飞机经常空袭重庆、万县等地，学校只好时常停课躲避空袭。1939年1月14日，六架日机在万县上空投弹，群众死伤无数。万县二马路一所小学的学生，当时正在校长周昌兰的指导下排练话剧，一弹砸来，校长和十多名学生被炸死。彭庆邦和同志们组织学校师生声讨日军罪恶行径，成功领导了万县师范学校的抗日救亡学潮运动。

1939年5月，谭正伦在彭庆邦外婆家顺利生下了儿子彭炳忠。

这年暑假，刚为人父的彭庆邦，被地下党万县中心县委和万县师范学校党总支派往重庆红岩村，参加中共中央南方局举办的为期两个月的党员训练班，他只好怀着不能陪在妻儿身边的遗憾踏上旅程。南方局常委董必武亲自主持培训工作，博古、凯丰等同志参加授课，使这一批党的后备干部得到了十分扎实的训练。

从党训班回到学校，彭庆邦的威望更高了，一些进步学生遇上难事，都喜欢来找他讨主意。

不久，彭庆邦担任地下党万县中心县委副书记，负责云阳、奉节、开县、巫溪等地的地下工作。

1940年5月，万县中心县委书记凌霄带着彭庆邦从万县出发，来到云阳南溪镇，在这里召开了一次秘密会议。在会上，彭庆邦传达了党中央关于在国统区“发展进步势力，争取中间势力，孤立顽固势力，克服投降危险，争取时局好转”的指示要求，以及南方局关于“隐蔽精干，长期埋伏，积蓄力量，以待时机”的十六字方针，提醒大家准备应付可能发生的突发情况。

随后，应与会同志要求，他介绍了白色恐怖下做好地下工作的方法、经验和策略，提醒大家必须完全转入地下活动，并特别嘱咐：“万一被捕，一定要保守党的秘密，要有誓死不屈的革命气节，宁可站着死，决不跪着生。”

踏上了家乡云阳的土地，但彭庆邦顾不得回家去看望思念中的妻儿，秘密身份不允许他们暴露。

1940年8月，因原来的县委书记调往重庆，上级决定由彭庆邦接任云阳县委书记。云阳是大县，彭庆邦还没挑过这么重的担子，凌霄嘱咐他接手工作后，要按照万县中心县委的部署，好好总结前一段时间的工作，明确自己的工作方向，心头有本得失账，带领党员同志们向前进。彭庆邦立即着手整顿党的组织，利用各种关系开展统战工作，改善地下工作环境。

1941年3月，由于云阳县委委员冉贞淳叛党投敌，县委机关暴露，彭庆邦果断将县委机关秘密迁到云阳县双江木古坝。

为了做好掩护工作，彭庆邦把谭正伦和快两岁的儿子炳忠也接到了木古坝，他化名吴先生，扮成做蚕丝生意的商贩，一家人住在当地人陈德云家里。

双江木古坝在长江沿岸，是云阳县的富庶之区，除了产米粮、甘蔗，当地农民还养春蚕抽丝，生丝买卖兴隆。彭庆邦学着生丝客那样，抱着生丝在市场走来走去，正儿八经做起生丝生意来。

彭庆邦扎根木古坝地区，把党的地下工作覆盖到整个云阳县，取得了很大的成效。贯彻隐蔽方针，加强组织整顿，他将云阳已暴露的党员纷纷调离或转移去重庆、开县等相对安全的地方。这期间，作为县委书记的彭庆邦，花费很大精力重点组织领导了云安盐场和农坝地区的工作。

云安盐场历史悠久，这里有著名的“白兔井”，西汉时就开始取卤制盐，是下川东著名的井盐产地。围绕盐业生产，在这里谋生的煤工、船工、石工、篾工和搬运工多达万人。云阳地下党组织一直对这里十分重视，通过抗日救亡运动发展党员成立支部，领导广大工人兄弟建立起工会，为争生存争温饱，还举行过罢工斗争。这段时间，他与盐工的儿子、共产党员刘子俊等成为了好朋友，他主张大家在斗争中不暴露身份，为党在云安盐场积蓄宝贵的力量，坚守着工人斗争的阵地。

彭庆邦对云阳农坝地区有着特殊的感情，赵唯是最早在农坝撒播革命火种的同志，他专程去农坝拜会了赵唯。根据赵唯的建议，县委重建了汤溪特支，将农坝以及从沙沱、鱼泉到江口一百多里汤溪河沿岸党的组织工作都统了起来，由赵唯担任特支书记。同志们都潜伏下来，为革命积蓄着力量，时刻等待着党的召唤。

2020年秋天，我来到木古坝探寻彭咏梧当年的足迹。这里离云阳新县城仅几公里路程，当年的山乡场镇如今已变成一座繁荣的农村集镇，云阳县的工业开发区正好划定在这个区域，道路宽阔，绿树成荫，车水马龙，往来云集。集镇不远处，是正在建设中的郑州至万州高铁施工现场，各种大型运输车辆十分忙碌。我找到木古坝镇子边缘的一家店铺，这家店铺还保留着旧时代的木门板，里面坐着一位老人，我向他打听彭庆邦当年在这里开展地下工作的事。老人说，听他们的老辈人曾讲过，解放前地下党在这一带闹过革命，彭咏梧（庆邦）是地下党的领头人，他化名吴先生在木古坝做过蚕丝生意，就住在这里的程家大院子里，但具体的故事他们也无从知晓。现在，木古坝连一家养蚕人都没有了。望着这个镇子和周边的田野农舍，到处都是一派新农村的模样。

这世界上，有些人，有些事，有些地方，曾经轰轰烈烈，但随着一代代人故去，却已了无痕迹。不过，我确信，我站立的地方，就是当年彭庆邦最初的革命根据地。

日子一天一天过得很快，才一眨眼，彭庆邦一家在木古坝就过了半年多，谭正伦沉浸在一家人朝夕相聚的幸福当中，她与邦哥成亲好几年了，但分离的年月多，相聚的日子少，这是夫妻俩带着儿子在一起生活最长的一段时光。

仿佛好日子都是那样短暂。1941年8月，中共中央南方局通知彭庆邦，要他立即奔赴重庆，负责重建在白色恐怖中遭到严重破坏的重庆市地下党组织。

彭庆邦立即召集云阳地下党负责人开会，要求大家主动独立开展工作，并留下“余焕然带青布”作为今后与上级接头的联络暗号。

彭庆邦这次去重庆，却不能带着谭正伦和儿子炳忠。谭正伦理解丈夫的革命工作，她想，邦哥是干大事的人，暂时的离别总是难免的。

夏夜，木古坝月色如水，江上吹来一阵阵凉风。月光下，彭庆邦对妻子说，他要上重庆另谋“差事”。谭正伦和炳忠是回红狮坝彭家湾，还是去故陵沱娘家暂住，他们商量了好久，权衡利弊后，决定娘儿俩还是回故陵沱住一段时间。

特殊家庭

春蚕到死丝不断，
留赠他人御风寒。
蜂儿酿就百花蜜，
只愿香甜满人间。
一颗红心忠于党，
征途上不怕火海刀山。

——歌剧《江姐》第六场江姐唱词

一

重庆朝天门码头，一身教书先生打扮的彭庆邦从船上走下来，遵照组织要求，他从此改名为彭咏梧。

彭咏梧通过党的联络站，与组织顺利接上了关系，来接他的联络人叫何文逵。何文逵抗战初期入党，目前在国民党中央信托局任信贷部主任，属于高级职员。由于南京、上海相继沦陷，他随中信局迁到陪都重庆。两人对上接头暗语，何文逵热情地拉着彭咏梧的手："彭兄，北平一别，一晃三年了，小弟一直挂念呀！"他一口江浙话，说得又快又响亮，给人感觉是老相识。在单位，何文逵对同事们讲，自己读中央大学时最要好的同学彭咏梧近期要从北平来重庆谋事，到时候请大家多多关照。

随后，何文逵将彭咏梧领到早已安排好的住处，向他仔细介绍重庆的情况。何文逵介绍说，雾重庆，鬼世界，这个战时首都是反动军、警、宪、特首脑单位集中地，到处充满白色恐怖，我党地下工作的环境既复杂又危险，要求彭咏梧来重庆后必须遵守地下工作的纪律。

何文逵又告诉彭咏梧："从现在起，必须改变你的身份，经过我们多方努力，已为你谋得到南岸海棠溪大陆运输行当会计的职业，明天你就去上班。"

彭咏梧问："组织上对我还有什么要求？"

何文逵说："你来重庆后，必须割断与下川东亲友、家人的一切联系。"

"这？"

"老彭，皖南事变后，国民党掀起反共高潮，他们真是无孔不入，邮件检查不仅有'穿山眼'，更会跟踪追迹，稍不注意就会给党带来重大损失，我们在这方面的教训太多了。"

彭咏梧郑重表示："我一切照办！"

大陆运输行单位不大，但业务很繁忙，加上彭咏梧从未干过会计，对填制各种记账凭证，特别是编制各种报表都不太熟悉，只好边干边学，忙得时常加夜班，一时根本没有时间考虑党的工作。

半个月过去了，何文逵高兴地告诉彭咏梧，已为他另外找了一份差事，到远大贸易商行跑外勤，商行离他的住处不远。何文逵说：“这虽不是个一流商行，但老板支持抗战，便于掩护你，跑外勤四处活动，还不易引起别人的注意和怀疑。”

到远大贸易商行的当天晚上，何文逵把彭咏梧带到观音岩附近的张家花园，与川东特委的领导人王致中接上了头。王致中开门见山地对彭咏梧说，上级对他早就熟悉了，前年冬天彭咏梧作为万县师范学校党组织负责人，曾汇报过学校党组织如何有理有利有节与当局反共逆流作斗争的情况，给同志们留下了深刻印象。

王致中说：“在国民党掀起反共高潮时，你们采取进攻的策略来对付反共逆流，以攻为守，在当时当地十分得当。”

“说实话，我们也因此得到了锻炼。”彭咏梧深有感触地说。

王致中话锋一转：“你在云阳做县委书记这一年，组织上十分了解，对你的评价很不错，不仅正确地贯彻了党的隐蔽方针，大量转移疏散了已暴露的干部和党员，还深谋远虑地对县里重点地区和工矿作了周密的安排，埋下了长期火种，没有使党受到多大损失，我要代表组织感谢你！”

接下来，王致中向彭咏梧通报了特委决定，任命彭咏梧为重建的重庆市委第一委员，全面负责地下党重庆市委工作，何文逵任第二委员，协助彭咏梧工作。同时，王致中语气凝重地向彭咏梧介绍了重庆地下党组织现状，特意嘱咐：

“特委之所以把你调来重庆，是因为你很有斗争经验，目前白色恐怖的局势对我们非常不利，要打开新的局面很艰难，但我们相信你能完成好任务。”

【中国共产党重庆历史大事记】1940年3月14日，国民党顽固派在成都制造“抢米事件”，陷害共产党，查封《新华日报》成都分销处，逮捕川康特委和分销处的负责人罗世文，抗日群众领袖、共产党员车耀先等10余人，成为国民党顽固派制造系列反共事件的开端。成都“抢米事件”前后，国民党特务在四川各地破坏中共党组织。随即，川东地区先后发生南充中心县委、梁大中心县委以及5县工委所属组织遭破坏事件，一些共产党员被逮捕，环境日益恶劣。自此后，党领导的公开群众运动基本停止。5月，国民党当局捏造邹韬奋、沙千里、沈钧儒将鼓动军委会政治部设于綦江的战干团学生举行暴动，派武装特务严密监视邹、沙、沈的行动和住所。同时对战干团一些进步青年严刑拷问，杀害270人，致伤400余人，制造了“綦江战干团惨案”。8月，由于内奸邹韵宜（时任观音桥小学党支部书记）的破坏，江北县委委员向德仑（伦）被中统特务逮捕。以后又数次发生江北县党组织被破坏、党员被捕的事件，并牵连到重庆市内。川东特委、重庆市委紧急疏散了三任县委书记，并派人清查内奸。到1941年春，邹韵宜的面目暴露。为此，川东特委采取紧急措施，进一步实行隐蔽方针，对中心县委一级的干部进行大调动，并根据所属党员的不同情况分别采取继续保持联系，保留关系，割断关系等处理办法。经过清理整顿，川东和重庆的党组织党员人数减少，各级组织的干部大都转移地区活动，只留少数干部进行单线联系，组织更加精干，骨干力量得以保存。1942年初，由于重庆市委原领导成员均已先后调离，市委再次改组，王璞（石果、孙仁）任书记，彭咏梧、何文逵为委员。在这一届市委时期，重庆市内的各级委员会大都不存在，只保留一些单线联系的关系。[1]

彭咏梧在远大贸易商行跑外勤业务，与政府、商界、银行、海关等单位打交道，不断接触到重庆各行各业的各色人等，也结交了很多江湖朋友。有这层身份作掩护，他放手开展党的工作，遭到破坏的重庆地下党组织在他的领导下，基本调整就绪，逐渐走上正轨，与上级党组织的联系也由川东特委转到了南方局。

很快到了1942年春，一天，何文逵找到彭咏梧，告诉他中信局要新开办一项保险业务，要招人进培训班学习，考试合格后可以录取为正式职员。

彭咏梧觉得这是个好机会，如果能进层层设防的中信局，他的工作就有了更稳妥的保障。经南方局批准后，彭咏梧进了中信局保险业务培训班。

8月彭咏梧考试合格，被正式录取为中信局练习生。为

---

① 《中国共产党重庆历史大事记（1919～2006）》，中共重庆市委党史研究室编，重庆出版社，2014年12月出版，第79—82页、第84页。

尽快适应工作环境，他开始学着西装革履打扮，与局里的同事频繁来往，人缘也越来越好，很快就被提升为中信局助理员。但他依然和大家一起住在中信局的集体宿舍，不便开展隐蔽工作。

1943年夏，中共中央南方局指示重庆市委，在全市党员中开展整风学习，这项工作落到了彭咏梧肩上。彭咏梧重上红岩，参加南方局举办的整风学习班，学习整风文献，检查思想、作风、工作上存在的缺点和错误，通过批评与自我批评，提高了思想认识，进一步学习和汲取了在国民党统治区开展地下斗争的宝贵经验。学习结束，彭咏梧随即在全市党员中，将整风学习积极开展起来。

彭咏梧领导整风学习，只能在工作之余或节假日与党员单线联系，全市70多个党员分散在市区及沙磁、江北各处，点多面广，为避免暴露，必须采取迂回曲折的办法进行联系。这样一来，彭咏梧就得花费更多的时间，跑更多的路。

一个星期六晚上，住在道门口的何文逵忽然听到一阵急促的敲门声，打开门，彭咏梧一下闯了进来，他非常疲惫，坐下来直喘粗气。

何文逵十分吃惊，见门外无人，回身关好门，不安地问："怎么啦？有尾巴？"

彭咏梧摇摇头，只见他满头虚汗，脸色苍白，对何文逵打手势，要水喝。

何文逵急忙给他倒水，彭咏梧大口大口喝着水，由于喝得太急，引起剧烈咳嗽，连忙找痰盂吐痰。

何文逵惊呼："血！"

只见彭咏梧嘴角全是血迹，痰盂里也有咳出的血。何文逵急忙给彭咏梧打来热水，让他洗把脸，等他完全平静下来，才问：“你这是怎么搞的，遭人暗算挨了打？”

彭咏梧低声说：“可能是累的，今天下班后，我去江北与军工厂的老刘谈整风学习的事，谈了很久，路途远又走得急，下了轮渡又爬朝天门这坡大石梯，爬完后实在走不动了，只好摸到你这里来……”

何文逵自言自语：“又累又渴怎么会咳血？”他顿了顿，说：“不行，你得马上去看医生，我这就送你上医院。”

“我感染了肺结核……前几天去医院检查过了，照X光透视，确诊了。”

何文逵有些生气：“那你还这样不要命地到处跑？明天我就去找‘山上’的人，请他们暂时给你松松担子，你需要休息静养，肺结核可是会要人命的啊！”

“哪就会要命哩，我正在服雷米封，是特效药，放心吧，不要紧的，今天是因为太累了才咳点血，以后我注意点就是。”稍停片刻，他接着说：“这个事，求你千万给我保密，无论如何不要告诉‘山上’。”

“山上”当然是红岩村的南方局。

但何文逵出于对组织负责和对彭咏梧的关爱，第二天就把他的病情向上级报告了。

组织上决定让彭咏梧静养休息。彭咏梧坚决不干，他的理由很简单：一是病情不重，正在治疗；二是整风学习刚开了头，叫他放下工作养病，反而会增添自己的思想负担，也会使党的工作受到损失。

最后组织上决定，彭咏梧一边抓紧治疗，一边适当休息。中信局的同事，慢慢也知道彭咏梧患了病，都劝慰他：“你为啥不把家属接来重庆？有亲人在身边，既可嘘寒问暖，又可以时常煲煲汤或弄点有营养的菜饭补补身子，你这样形单影只、心情郁闷，是生这种病的大忌啊！”

彭咏梧感谢同事们的关怀，说正在考虑接家属的事。其实，他心里另有盘算：自1941年8月来重庆后，与云阳的亲友族戚，包括妻儿，纷纷断绝联系快两年了，万一在联系过程中稍有不慎出了问题怎么办？思来想去，他暂时放弃了接家属的打算。

一天，何文逵找到他：“我问你，你离云阳上重庆，妻儿安排在哪里了？”

“当时走得匆忙，决定让他们回故陵沱，但不知是否去了那里，现在我还不晓得他们究竟身在何处哩。”

何文逵实话告诉彭咏梧，“山上”非常关心他的病。而且中信局的领头经理也找到何文逵，对他讲：“彭兄是你力荐到局里来的，现在他得了病，希望他早点把家属接来重庆，好照顾他的起居，力争早日康复。”

何文逵最后对彭咏梧说：“你给家属写个简短的条子给我，这事我来安排。”

二

彭庆邦与谭正伦结婚这些年，彭庆邦基本在上学和从事党的地下工作，常年入不敷出，家里欠下了一大把债。谭正伦回到娘家没多久，债主们都跑到故陵沱找她来了。欠债还钱，天经地义。她只好向债主们求情，请大家行行好，再宽限一些时间。

过着这样的日子太让人糟心了，谭正伦决定拼命挣钱还清债务。在哥哥谭策安的提议下，她把彭家仅剩的几亩薄田卖了，又咬牙借了一些钱，在云阳县城开了一家纺纱作坊。

作坊生意不错，虽然日夜操劳辛苦，但谭正伦看到了生活的希望。她对彭庆邦没有半点怨言，只是每天盼着丈夫的消息。

在何文逵的运作下，谭正伦收到了彭咏梧让她带着孩子火速去重庆团聚的字条。

接到丈夫的消息，谭正伦欣喜异常，可转念一想，重庆生活花费大，庆邦那点收入哪够一家子开销？她带着炳忠这一去，方方面面都要依靠庆邦，他还怎么安心工作呢？

正在这时，小炳忠起了麻疹，一直发着高烧。

爱子心切的谭正伦怕路上有什么闪失，只好把心一横，给彭庆邦写了一封回信，表明她暂时不去重庆，等过一段时间再前去与丈夫团聚。

重庆这头，彭咏梧在耐心地等待妻儿的到来。大约半个月过去了，他没有等到谭正伦和小炳忠，只等来了何文逵转交的一封信。

从信中得知谭正伦和孩子安好，彭庆邦心里悬着的一块石头暂时落了地。接妻儿来重庆，是为了掩护白色恐怖中的地下党工作，这件事是重庆市委决定的。谭正伦和孩子没有来，组织上只好为彭咏梧考虑其他掩护方案。

这时市委的一些同志认为，彭咏梧是市委一把手，是敌人最想抓的人，他的安全就是市委的安全，彭咏梧个人还是不能与下川东家里联系。在这个问题上，尽管很绝情，但必须首先考虑党的安全。

大家的担心不是没有道理的，彭咏梧只好服从组织决定，继续中断与家里的联系。

然而，他内心深处，沉积着对妻子深深的歉意，这种痛苦无处诉说。明知妻子那边魂牵梦绕，他却无法再给她一点消息。

三

江竹筠一家在重庆短暂团聚了一段时间，不久父亲江上林就病故了。母亲李舜华眼看女儿都21岁了，心里早盼望她能找一个踏实的人家。可江竹筠刚被任命为新市区区委委员，满脑子思考的都是地下工作的事，压根儿没有想过什么谈婚论嫁。

江竹筠善于联系群众，时时关心同志的进步，和她接触的人都乐于和她交朋友，大家都亲昵地称她为“江竹”。江竹筠单线联系的党员较多，大家所在的地点很分散，且她工作的重庆妇女慰劳总会在曾家岩，离国民党军统保密局的特务机关不远，所以她进出都特别小心注意。

一天，江竹筠与新市区区委书记魏兴学接头时，被特务

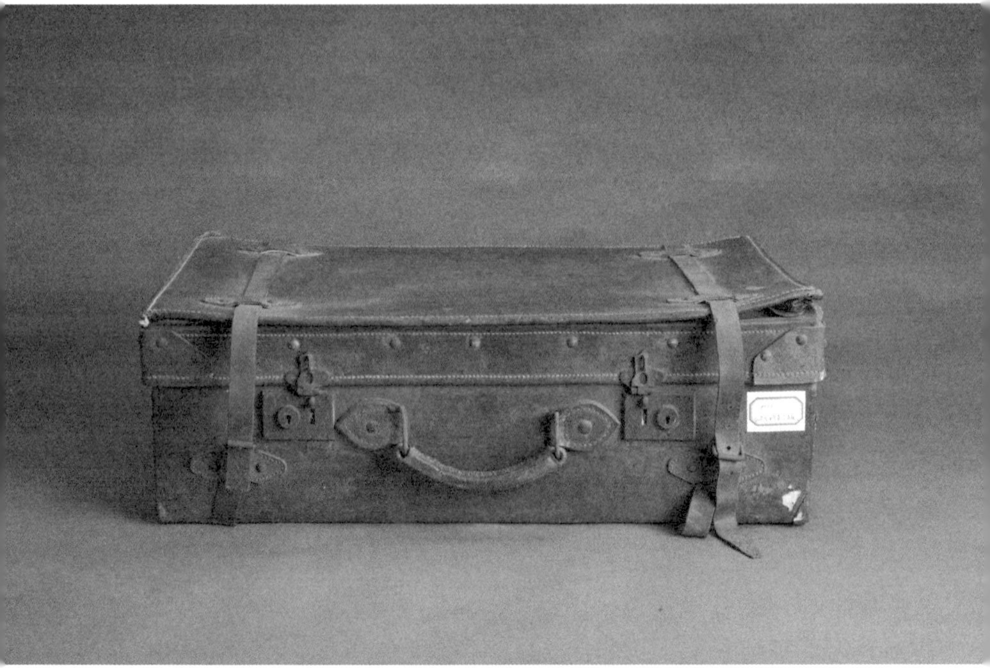

★ 江竹筠开展地下工作时用的皮箱。

监视跟踪。幸亏他们及时发现，相互配合才成功摆脱了跟踪。此事发生后，市委和区委决定立即安排江竹筠撤出重庆妇女慰劳总会，将她安排到綦江铁矿当会计。后于1943年初，组织上又安排江竹筠进入国民党中央政治部第三厅所属合作社。三厅合作社规定，工作人员都应加入国民党，江竹筠总是拖延着这个事，她对单位的头头说："这可是件大事，我才走出校门，得先问问我妈的意见。"她很清楚，加入国民党是万万不可的，她也把此事向组织上作了汇报。到后来，江竹筠干脆回复三厅合作社："我妈妈说了，女娃儿不问政治，不同意我参加这党派那组织。"

哈哈，"妈妈"原来是自己的党组织。

不久后，"妈妈"又给了江竹筠一个出乎她意料之外的任务。

原来，鉴于彭咏梧的身体原因和工作性质，组织上觉得亟须给他安排一个可以自由活动的住处，寻找一位稳重可靠的女党员同志负责通联工作，与他假扮夫妻组成一个"家"。这位女同志首先必须在政治上十分可靠，而且要成为彭咏梧的得力助手，不仅要像家庭主妇那样照顾他的日常生活，更要让他从繁杂的事务性工作中摆脱出来，让他有更多精力考虑整个市委的工作。最重要的一点是，这个"妻子"要有做地下工作的斗争经验。

组织上把为彭咏梧寻找"妻子"的任务，交给了新市区区委书记魏兴学，并要求他尽快把这件事办好。新市区的女党员不少，魏兴学一一分析了她们的情况，认为区委委员江竹筠最合适。

市委经过慎重研究，同意由江竹筠承担这一重任。

四

魏兴学与江竹筠约定见面，他对江竹筠说：“江竹，组织上要交给你一个艰巨的任务。”

江竹筠一听区委的负责同志要交代任务，心情十分迫切，催魏兴学讲到底是什么任务。他故意卖了个关子，说：“这个任务可不太好办呢。”

“既然组织上要把任务交给我，就请领导放心，我坚决把任务完成好。”

魏兴学认真地说：“你也知道，目前我们党内正在开展整风学习，市里有个领导同志急需一个助手，想安排你去给他跑交通，搞联络。”

江竹筠一听十分高兴，她正巴望区委给她安排新的工作呢。

魏兴学又十分严肃地对江竹筠说：“你还要照顾他的生活。”

“照顾生活？煮饭、洗衣吗？我样样都会。”

“不是这样简单。”魏兴学继续说，“这位领导是个单身汉，你要去扮他的太太，掩人耳目，绝对不能让外人看出是假的。”江竹筠一时低下头来。

魏兴学笑着说：“我说任务艰巨吧？你好好考虑考虑，想好了再答复。”

过了两天，江竹筠找到魏兴学，坦诚地说：“组织上交给我这个任务，让我犹豫再三，但我作为一个共产党员，一想到这是党交给我的任务，为了党的工作，我没有什么可犹豫的！”

就这样，江竹筠接受了党交给她的任务。

几天后，彭咏梧便把“彭太太”接到了中信局新分的机房街宿舍。“彭太太”衣着入时，身穿一件新的阴丹士林布短袖旗袍，外罩一件浅色网眼小马甲，新烫的头发束一条紫色缎带，薄施脂粉，显得既年轻又漂亮，和西装革履的彭先生恍若天生的一对。

宿舍楼里的同事和家属们，听说彭先生接来了太太，大家都来他们的新居祝贺，何文逵、何理立等双方的朋友也“专程”赶来了。江竹筠时刻提醒自己不能露出破绽，她以彭太太的身份热情招呼大家，房间里充满了欢声笑语。

夜里，两个人自然分床而居，他们像电视剧《潜伏》里的余则成和翠平那样，为谁睡卧室、谁睡客厅争执了很久。这个“新婚”之夜，两个人干脆不睡了，谈论起时局以及如何共同生活工作的事情。

彭咏梧先打开话匣子：“我从下川东调来重庆不久，就晓得了你的名字，还晓得了你在中华职校巧妙揭露国民党制造‘皖南事变’真相的事。”

“哦！”江竹筠吃惊地问，“你是怎么知道的？”

“江北县的老李告诉我的。”

“作为党员，与反动派作斗争，我认为这是一种责任。”

“做这件事，我认为你是既机灵又勇敢。说来好笑，你猜一猜，在老李面前我是怎样夸你的？”

江竹筠摇摇头：“小事一桩，值不得你这位大领导夸奖。”

彭咏梧伸出大拇指：“当时我说，江竹筠，好，是个有胆有识的好汉。”

江竹筠扑哧一声笑起来：“你男女都还未分清，就乱夸奖呀？”

“老李当时就给我讲，江竹筠是个女同志哩，我说，管她是男是女哟，总之是我们党的好党员。如今识得庐山真面目，我更要夸赞你了。”

“又有啥可夸赞的？”

“你为了党的工作，敢于冲破世俗樊篱，以一种特殊的身份，跨进这个家门……”

“我是以一种最平常最平常的身份，跨进这个家门的。”

“你应付自如，谁也看不出我们是假扮的，为我们的工作解决了大难题。”

彭咏梧站起来，深深一鞠躬：“江竹筠同志，我代表组织和我个人，谢谢你！”

江竹筠慌了手脚，连忙站起来：“我答应上边要做的事，就一定要把它做好！”

不知不觉，天快亮了。

在这个二人世界的“家”里，彭咏梧和江竹筠就这样开始了崭新的生活。

彭咏梧家的灯总是亮过半夜，有时甚至通宵达旦。每天一大早，江竹筠便提着竹篮上菜场，买回肉食蛋奶、新鲜果蔬，为患肺病初愈的“丈夫”补养身体……

同事们都称羡彭咏梧：“彭先生，您真有福气哟！”

主妇们都赞美江竹筠：“彭太太，您真是贤惠呀！”

日子一天一天过去，江竹筠慢慢适应了“彭太太”这个称呼，在外人面前总是与彭咏梧像夫妻一样自然相处。

江竹筠没有忘记组织上给她的工作安排，在“家”里也不闲着，常把自己关起来阅读党的文件，看不懂的地方，就向彭四哥请教。不到半年时间，彭咏梧领导全市党员队伍胜利结束了整风学习。江竹筠在整风学习中，有彭咏梧的指导和帮助，在党性修养、思想素质各个方面，都有了很大的进步和提高。

1944年的春节到来了，虽然是抗战中的春节，但重庆街头比平时还是要热闹很多。两天前，江竹筠和好友何理立约好，春节这天去新华日报社营业部买书，听说书店新到了一批苏联小说。

她俩完全没有料到，凡是进出新华日报社营业部的人，都是国民党特务跟踪的对象，当她俩一走进营业部的大门，就被特务盯上了。她俩拿着买好的书刚出门，便发觉身后有人尾随，于是赶紧商量如何尽快甩掉，谁知狡猾的特务竟从她们对面走过来，看清了她们的面貌。

情况十分危急。

两人躲进重庆银行，向那里的地下党员庞佑宗寻求帮助，最后才摆脱了险境。

江竹筠回到家，向彭咏梧汇报了这一情况。彭咏梧感到事态颇为严重——如果特务搜查重庆银行，后果将不堪设想，于是作出了相关人员撤退避险的决定。

在彭咏梧的指示下，庞佑宗和何理立很快就前往成都了。江竹筠交接完手上的工作，也要离开了。

分别前的晚上，就像他们的“新婚”之夜那样，江竹筠和彭咏梧又是彻夜长谈。彭咏梧主动向江竹筠倾吐往事，江竹筠也谈起了自己的过去。

她心里涌动的情感难以言状。

一张住院单，我们读出了什么

乌云染不黑天边月，
狂风吹不落满天星。
梅花怒放把春报，
战胜严寒百丈冰。

——歌剧《江姐》第五场伴唱唱词

一

2020年8月19日，我到四川大学采访，那天正是江竹筠烈士百年诞辰的前一天。

川大建了一座江姐纪念馆。学校放暑假，又是疫情期间，江姐纪念馆处于闭馆状态，但了解我此行的来意后，馆长毕玉老师热情地接待了我，为我开了“专场”，细心为我介绍纪念馆的情况，不厌其烦地回答我的问题。她说：“整个纪念馆的设计工作全部是川大的党员师生承担的，我们认为在江姐当年居住过的原址建造纪念馆，更有时代感和纪念意义。”

四川大学先后有67名校友为新中国献出了宝贵生命，为使红色基因在师生中代代相传，学校通过开展“不忘初心、牢记使命”主题活动，深入发掘红色资源，加强爱国主义和革命传统教育。学校把原国立四川大学女生院开辟为江姐纪念馆，在这里集中展示江竹筠在川大读书期间的珍贵档案、实物和照片。

2019年11月14日，江竹筠牺牲70周年纪念日之际，四川大学隆重举行了江姐纪念馆开馆仪式。

醒目的“江姐纪念馆”五个隶书大字，由著名革命家、文学家、书法家马识途先生题写。马识途先生是与江竹筠同时期的革命者，2019年3月28日下午，105岁高龄的马识途先生兴致勃勃地来到江姐纪念馆参观，深情回忆了当年在川西、川东的革命经历。

进入馆内，是一个不大的院落，院子正中是一座江姐的汉白玉雕像，这个雕像不是《红岩》小说中江姐的形象，而是学生时代玉洁冰清的江竹筠。江竹筠在川大两年，一直在这个女生院度过。此时，呈现在我眼前的，是20世纪40年代川大女生院的建筑遗存，不大的院子承载了无数川大女学生的青春与热血，走过岁月的沧桑，这些建筑仍温润安静地屹立在此。

院子里有一棵亭亭如盖的皂荚树，树龄有110年了。树旁的宿舍墙上，是一组浮雕壁画，壁画展现的是江竹筠和同

★ 四川大学江姐纪念馆。

学们用捡来的皂荚洗衣、洗头，以及在树下染布的情景，那个年代最朴实、最有人间烟火的校园生活画面。老树、老宿舍、老场景，质朴而亲切，深沉而直观，构成了一个完整的时空。这棵皂荚树，聆听过多少风华少女的嬉闹低语，目睹过多少有志青年的青春容颜？它是历史的老人、忠实的记录者。当年的粉面佳人，或已鬓发苍苍，或已隐身历史的尘埃。这里留有江竹筠的生活痕迹，她的气息仿佛还在这里。江竹筠既是党的优秀儿女，也是四川大学的优秀校友，学校致力打造江姐纪念馆、创作江姐舞台剧、建设江姐荣誉班，让江姐真正在川大学子心中“活”了起来。

川大“江姐班”设置在生命科学学院，这是一个名副其实、又红又专的荣誉班级。“江姐班”班长李歆睿同学说：“在江姐班生活学习，大家的思想境界得到了很大提升，我们一定会像江姐那样，担当起时代责任！”

四川大学师生自创自导自演的原创舞台剧《江姐在川大》，于2019年9月18日晚举行了首场公演，引起巨大轰动。当台上的角色流下热泪，观众席也是一片无声的哭泣。辅导员陆璐老师说：“江姐的故事似乎离我们很遥远，但这个剧通过点点滴滴的过往，把她拉回到我们身边，激励大家争当新时代的英雄人物。”硕士研究生王宇偲说：“我看到她也曾年少，也有岁月青葱，也曾尝过爱情的甜蜜和初为人母的欣喜，她是我们的学姐，但从另一个层面说，她更是党的女儿、人民的女儿。”剧中江姐的扮演者梁雅芯同学更是久久沉浸在剧情中，她觉得江姐的性格塑造和分寸拿捏对她是一个很大的挑战。她说，虽然她与当时的江姐年龄相差无

★ 江姐纪念馆院子里的皂荚树。

★ 展现江竹筠校园生活的浮雕壁画。

儿，但一时很难准确把握江姐在追随信仰和母子情深之间挣扎的痛苦，后来她泡在校史馆和江姐纪念馆，阅读了许多资料，慢慢找到了感觉，浑身充满了青春勃发的革命气息。

毕馆长告诉我，为了纪念江姐百年诞辰，学校师生正利用暑期紧锣密鼓排演另一部红色诗意话剧《待放》，即将在成都公演。这部全新打造的剧目，通过革命时期的江姐和学生时代的江姐跨越时空的交流，展现江竹筠来川大、在川大、别川大的三个时间段，表现她勇敢的奋斗、信仰的成长和青春的风采，呼唤青年人不断坚定人生理想信念。

二

1944年5月，江竹筠从重庆撤往成都。出发前，江竹筠到观音岩的吊脚楼家里向母亲道别，但只说自己是到外地工作一段时间。当时，弟弟江正榜已去了贵阳航校，她放心不下母亲一个人生活，便拜托彭咏梧常去照看。

抵达成都，她首先去城郊的金牛坝驿运管理处找比她先到一步的何理立。

这天是周末，何理立进城去了。与何理立同宿舍的一个名叫王珍如的女青年热情地接待了江竹筠，还为她安排好了食宿。王珍如老家在金堂县，年长江竹筠一岁，这一夜她俩谈得十分投机。她们都意识到对方共产党员的身份，只是没有挑明而已。

从此，江竹筠、何理立、王珍如成了最要好的姐妹。

庞佑宗由于一直在重庆银行工作，躲避到成都后直接进入成都的重庆银行办事处工作，上班的地方在九眼桥附近，与四川大学离得很近，他在那里掩护得非常好。

江竹筠和何理立一起来找庞佑宗，商量如何在成都开展工作。大家都刚来不久，人生地不熟，要找到一份合适的掩护职业确实很难。思来想去，最后庞佑宗提议："实在不行，江竹可以考考对面的四川大学。"

川大规模和影响这么大，若江竹筠真能考进去，就可以方便地组织学运了。他们决定先问问组织上的意见。彭咏梧很快便回信表示支持。

还有两个月就要进行招生考试了，时间紧迫，江竹筠暗下决心，拼了命也要考上川大。她开始了艰苦的备考。庞佑宗通过朋友请来川大的老师和学生，为她辅导功课。夏日，在窄小闷热的宿舍里，江竹筠废寝忘食地学习，基本上没踏出过房门。

江竹筠以"江志炜"一名报了考。为保险起见，她选报了农学院植物病虫害这个冷门专业。放榜时刻到来，功夫不负有心人，江竹筠在榜上找到了"江志炜"这个名字。

从此，江竹筠成了一个名副其实的大学生。四川大学学生注册档案中这样记载："江志炜，性别女，年龄22岁，四川巴县人，于1944年9月，在农学院植物病虫害系一年级注册入学，学号331044。"

进校后，江竹筠的言行举止很像一个普通的大学生。她上课专心听讲，课外勤奋自修。哪门知识欠缺，就突击补习哪门课程，经过近一个学期的努力，她的学习成绩已经名列前茅。

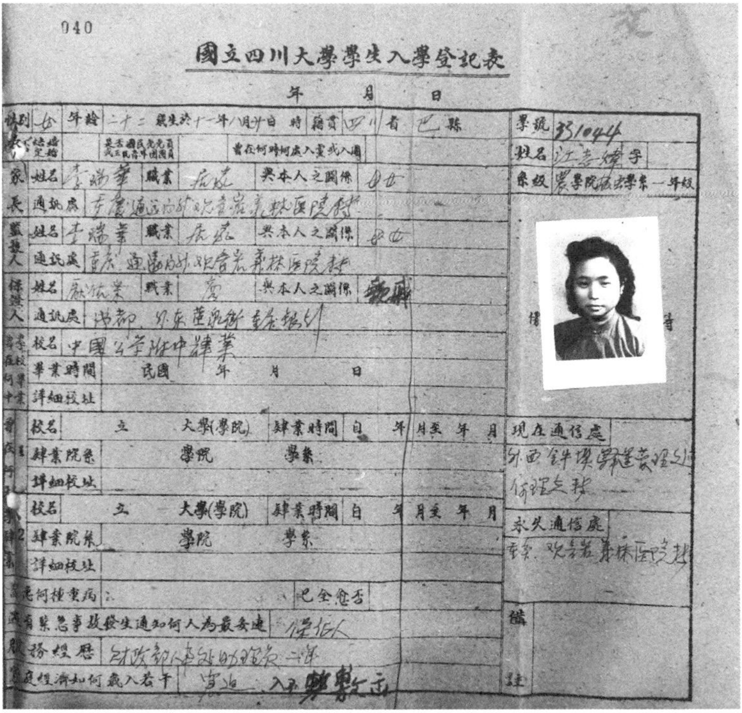
040

國立四川大學學生入學登記表

年 月 日

性別 女　年齡 二十二 歲生於 十一年八月廿日 時　籍貫 四川 省 巴 縣

學號 351044

姓名 江喜雲 字

系級 農學院 農學系 一年級

家長 姓名 李瑞華 職業 家政 與本人之關係 母女

監護人 姓名 李瑞華 職業 家政 與本人之關係 母女

保證人 職業 與本人之關係

畢業時間 民國 年 月 日

詳細校址

校名 立 大學(學院) 肄業時間 自 年 月至 年 月

肄業院系 學院 學系

詳細校址

現在通信處

永久通信處

患何種重病 已全愈否

有緊急事故發生通知何人為最妥速 保證人

服務經歷

家庭經濟如何歲入若干

備註

★ 江竹筠在四川大学的入学登记表。

她急于为党工作，在大学这个阵地发挥一个党员的作用，便向身在重庆的彭咏梧请教。彭咏梧回信要求她严格遵守地下工作纪律，吸取在重庆买书被跟踪的教训，不能随便暴露自己的身份，可以参加进步社团但不做领导。江竹筠严格按照彭咏梧的教导，踏踏实实在川大学习生活。

不久，江竹筠从彭咏梧那里得知一个噩耗——两个多月前，母亲李舜华因高血压病加重离开了人世。母亲的后事是彭咏梧和三舅李义铭一起操办的。

江竹筠哪里想到，那次匆匆一别，竟是母女俩的永别！她甚至无法回去见母亲最后一面！

烽火年代，国内形势风云变幻。八路军、新四军坚持与日军作战，但国民党军队却在日军的进攻中不断溃败。中共代表在于重庆召开的国民参政会上，要求立即召开国事会议，成立新的民主联合政府，挽救国家危急局势。

10月，包括四川大学在内的多所大学联合起来，举行集会活动，呼吁结束一党专政、组织联合政府，川大师生在地下党总支的领导下，积极参与风起云涌的学生运动。江竹筠忍着丧母悲痛，参加了川大的中国青年民主救亡协会，她决定在学运中扮演一个隐蔽的幕后策划者和推动者。

成都《华西晚报》是一份进步报纸，经常刊载支持学生运动的文章，遭到国民党反动派的忌恨。就在英、美、苏召开旧金山会议时，有人煽动川大先修班不明真相的学生，借口《华西晚报》登载了先修班的问题，组织一批人去砸了报社营业部，借以制造事端，封锁进步舆论。为此，川大进步团体“文学笔会”的负责人李实育等组织一批学生，声援慰问《华西晚报》。国民党的爪牙岂能甘休，他们策动参加声援的一些人作乱，同时组织“护校团”对李实育等进行干涉、辱骂、围攻，让进步团体的师生非常被动，一度失去信心。

看到这种情况，江竹筠就向李实育建议，揭穿“护校团”以维护川大之名行打压进步团体之实的阴谋，把不明真相的同学争取过来，给予对方有力的还击。李实育按她的话去做，“护校团”果然很快偃旗息鼓了。

江竹筠牢记组织上对她的要求，注重团结各个进步团体，并能与身边的人相处融洽，深受同学们尊重和爱戴。

在成都郊区的何理立时常到川大来看望江竹筠，两人在孤儿院就是好闺密，碰到一起总有说不完的话。江竹筠时常邀请同住一个寝室的黄芬去锦江畔散步交谈，黄芬的姐姐黄芳也经常与江竹筠来往。受江竹筠的影响，黄家姐妹加入了自由读书会等进步团体，1947年成都发生非法逮捕声援“五二〇”运动学生事件时，黄芬更是成功说服她的父亲——时任国民党九十五军参谋长的黄仲伟出面保释进步学生。后来，黄仲伟毅然率部起义。不能不说，这里面有江竹筠的功劳和成绩。

正当江竹筠全身心投入川大轰轰烈烈的学生革命浪潮时，她突然接到组织的通知：鉴于目前工作需要，南方局和重庆市委决定她与彭咏梧正式结婚。

江竹筠明白，组织上这样决定，是因为重庆的地下工作需要彭咏梧继续战斗下去，她和彭咏梧必须继续把“夫妻”演下去，要不引起外界的猜疑，最好的办法只能是两人正式结婚。于是她放下了种种顾虑，在暑假期间回到重庆，与彭咏梧结为真正的夫妻。

1945年8月，抗日战争胜利了，江竹筠在重庆见证了山城人民庆祝胜利的狂欢场面。满怀喜悦和幸福，她回到了四川大学，却意外发现自己怀孕了。

由于交通联络限制，江竹筠无法第一时间把这个消息告诉丈夫，只与好友王珍如分享了这份快乐。此时庞佑宗被派到了万县的银行工作，何理立也结束了避险回到重庆，与仲秋元结了婚。

正是国家困难时期，川大学生的伙食很差。孕妇需要补充营养，但江竹筠却一直在女生伙食团吃饭，三餐几乎都是萝卜白菜加糙米，有时错过了吃饭时间，她只是到学校外的小吃店去享受一碗酸辣粉，解解馋。

三

在四川大学江姐纪念馆，我看到了一张泛黄的、编号为36986的《住院病人记录》单子。

这是一张70多年前华西协合大学医院的住院单，其中，中文记录的内容为：彭江志炜，女，24岁，已婚，省籍四川，诞生地点重庆，现住址为望江楼川大女生院；科别为产科。英文记录的内容为：入院日期1946年4月18日，出院日期1946年5月10日；诊断为contracted pelvis（骨盆狭窄），手术为classical cesarean section & ligation of tube（古典式剖腹产和输卵管结扎）。

记录者的习惯和娴熟的英文书写，透出浓重的教会医院文化背景。

感谢档案和文献工作者，为今天的人们保存了一份多么难得的历史资料。这份住院单传达的信息，让我们穿越岁月的尘埃，触碰到了一段令人心生感动和崇敬的历史。我们仿佛看见黑白光影中，江竹筠在医院生产的那些日子，甚至听得到医院外川味浓郁的叫卖声和成都老街区的嘈杂，1946年春天那明晃晃的阳光，仿佛正洒到我们脸上……

江竹筠要生孩子了。

黄芬、黄芳和同班同学董绛云找来一辆黄包车，把她送到了华西协合大学医院妇产科。由于骨盆狭窄，江竹筠遇到了难产，医生诊断必须做剖腹产手术。

没想到的是，临做手术时，江竹筠恳求医生："大夫，请一并给我做了绝育手术吧！"医生十分不解："你这是头胎，哪有生头胎就做绝育的！"一旁的几个姑娘也诧异万分。

江竹筠再三坚持，医生只好答应了她的请求。

江竹筠生下一个胖胖的男孩。

半个月后，彭咏梧从重庆匆匆赶来。如江竹筠所料，得知她做了绝育手术，彭咏梧表示理解。老家在云阳，孩子又生在风云变幻的年代，他们决定叫这个男孩"彭云"。

今天回想，江竹筠当时那么说，心里肯定也有挣扎。作为一个母亲，她多么想多要几个孩子，但面对斗争越来越残酷的现实，孩子多了就成了工作的拖累，再者地下革命工作者随时都面临着牺牲的危险，她是有准备的。在那样的年代，人们思想还不开放，江竹筠能有那样的抉择，甘为革命

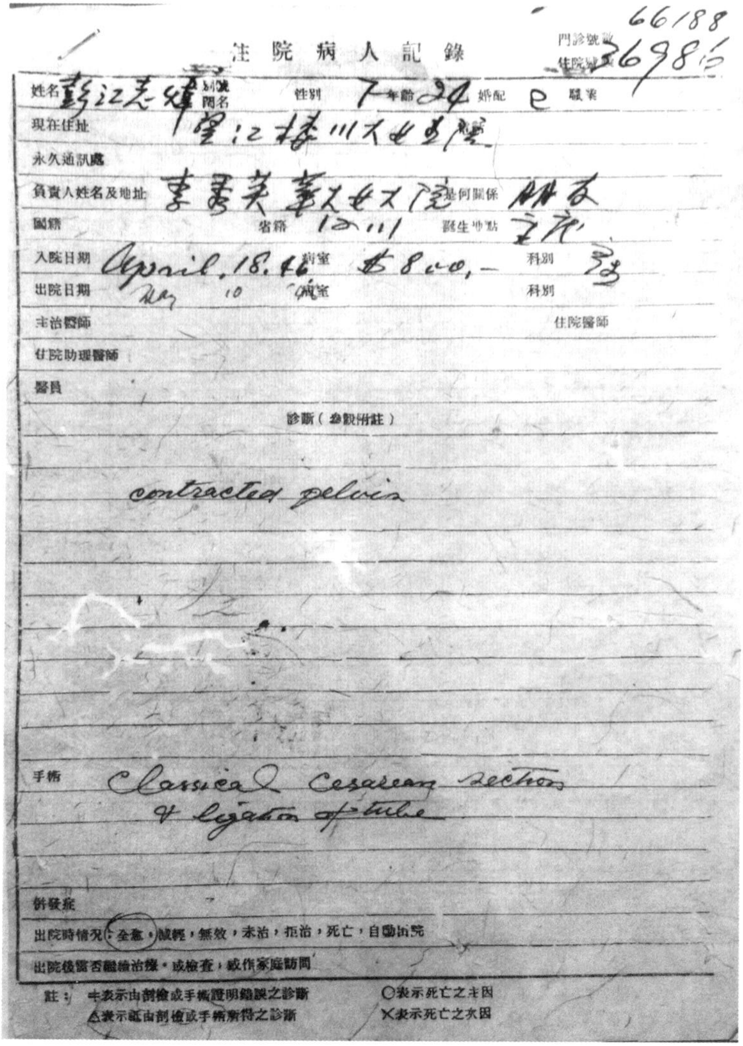
住院病人記錄

門診號數 66188
住院號數 36981

姓名　別號閨名　性別 F　年齡 24　婚配　職業

現在住址

永久通訊處

負責人姓名及地址　是何關係

國籍　省籍　誕生地點

入院日期 April. 18. 46　病室 $ 800.-　科別

出院日期 May 10　病室　科別

主治醫師　住院醫師

住院助理醫師

醫員

診斷（參閱附註）

contracted pelvis

手術 Classical Cesarean section & ligation of tube

併發症

出院時情況：全愈，減輕，無效，未治，拒治，死亡，自動出院

出院後需否繼續治療，或檢查，或作家庭訪問

註：＋表示由剖檢或手術證明錯誤之診斷　○表示死亡之主因
△表示經由剖檢或手術新得之診斷　×表示死亡之次因

★ 江竹筠的住院单。

作出舍弃，真让人无比敬佩。

1946年春，中共中央在重庆成立了公开的四川省委，任命吴玉章为书记、王维舟为副书记，对内称重庆分局，管辖川、康、云、贵四省的地下党工作。此时新的重庆市委也已成立，由王璞担任市委书记，彭咏梧继续担任市委委员。

随着形势发展，地下党重庆市委的管辖地域不只局限在重庆，彭咏梧仍然分工负责宣传、学运以及川东部分地区党组织的工作，肩上的担子不减反重。

忠诚的革命者总是首先从工作上考虑问题，往往很少顾及个人得失，正是有彭咏梧、江竹筠这样的一大批真正的共产党人，党的地下工作才蓬勃发展、势不可挡。

暑假到来，江竹筠带着儿子一回到重庆，局势就紧张起来，国民党向共产党解放区发动了全面进攻。7月20日，中共中央发出了《以自卫战争粉碎蒋介石的进攻》的指示。市委负责人找江竹筠谈话，让她不再去川大，留在重庆继续做彭咏梧的助手，协助他搞好市委的宣传和学运工作。

为谨慎起见，江竹筠以需要照顾孩子为由，向川大申请办理了休学一年的手续，假如将来遇到麻烦，她还可以回到川大继续读书，掩护自己。又与彭咏梧共同生活、并肩战斗，但现在他们成了真正意义上的革命伉俪。

就这样，江竹筠用了两年的“江志炜”这个化名，留在了四川大学的学生档案中，也留在了川大师生们的记忆里。

1950年1月，川大师生为白公馆、渣滓洞监狱遇难烈士举行追悼会，很多江竹筠曾经的老师、同学和朋友来参加追悼会时，才发现江竹筠原来就是过去和他们朝夕共处的同学江志炜。

多年后，据黄芳回忆，江姐从来没跟同学们说起过江竹筠这个名字，大家只知道江姐名叫江志炜。一想到江姐受了那么多苦，黄芳的心都忍不住在痛。

学生运动的风风雨雨

看长江战歌掀起千层浪，
往山城红灯闪闪雾茫茫。
一颗心似江水奔腾激荡，
乘江风破浓雾飞向远方。

——歌剧《江姐》第一场伴唱唱词

一

中信局大厦人员成分复杂，那个地方已不便开展地下工作，于是彭咏梧重新在大梁子青年会租了一套住房。江竹筠按照组织上交给她的新任务，谨慎地布置起这个安全的新家。彭咏梧的家，实际上就是中共地下党重庆市委的秘密联络点。作为彭咏梧的助手，江竹筠还要负责党的秘密机关和联络点的日常工作，她明白自己身上担负的任务是何等重要。

江竹筠通过三舅李义铭的关系，在敬善中学做兼职会计，这份工作较为自由，有利于掩护身份。她和彭咏梧常到李义铭家去做客，一来二往，这样他们在重庆上层的交往就不易引起别人怀疑了。

国民党政府为换取美国的军事援助对付共产党的军队，于1946年11月与美国签订了《中美友好通商航海条约》。条约签订后，美军在中国横行霸道，1946年12月24日，北平发生了美军公然强暴北大女学生沈崇的事件。这个消息一传出，震惊全国，各地民众反美反蒋反内战的情绪越发高涨。

为配合全国的反战形势，按照市委指示，彭咏梧迅速组织和领导重庆的“抗暴”运动。1947年1月3日，彭咏梧召集重庆市青年会举行联席会议，成立由重庆大学、川东师院等31所学校组成的“重庆市学生抗议美军暴行联合会”，决定罢课三天，并以“抗暴”主席团名义举行记者招待会，他做主要发言人。

记者招待会上，彭咏梧就“抗暴”运动的组织机构、宣言、行动宗旨逐条作出说明，并申明抗暴联合会将在罢课期间发出《告全国同胞书》《致杜鲁门总统书》《告世界青年书》等9份文电，不断加强舆论攻势。

1月6日，由15000多名学生组成的游行大军，高举着标语，高喊着口号，浩浩荡荡向山城的大街走去。整个山城炸开了锅，不少工人、市民自发加入游行队伍，声援学生的行动。

彭咏梧又根据上级党组织指示，把“抗暴”运动扩大深入开展下去。1月底，全重庆市大中学生组成100多个宣传队，在市区、沙坪坝、北碚等地区进行宣传，把反帝爱国运动从城市深入到工厂、农村，从教育界扩大到工商界、文化界，反帝爱国的怒火燃遍了重庆的城镇乡村。

然而，汹涌的学潮也成为国民党发动“二二七”事件的一个导火索。2月27日，国民党当局要求中共驻渝人员限期撤离重庆。28日清晨，警车的嘶鸣声惊醒了山城的浓雾，国民党军警特务包围了八路军办事处和新华日报社，强令《新华日报》停刊，中共四川省委和新华日报社全体人员在吴玉章的率领下，坚持最后的斗争，直到3月9日被迫撤到延安。

西南各地地下党组织暂时失去了与党中央的联系，地下党重庆市委的工作顿时加重，组织上决定让彭咏梧把工作重心从学运逐步转到对川东地区地下党组织的领导和筹备下川东武装暴动上来，他负责的重庆学运工作由江竹筠接手。

二

她站到了这场斗争的第一线。

江竹筠对重庆女师院、西南学院、育才学校党支部的同志，以及运动中表现突出的许多同志都十分熟悉。从昆明西南联大撤退转移到重庆，并且参加了这次学生运动的几位同志，给她留下了很深刻的印象，特别是刘国鋕，他敢于站在人民的立场，敢打敢冲却又严守纪律。

刘国鋕是重庆沙磁区学运特支书记，负责联系重庆大学等学校的学运工作，在工作中与重庆大学的女学生曾紫霞接触多了，对她产生了爱慕之情，两人慢慢成了一对革命情侣。江竹筠对刘国鋕和曾紫霞十分关心，常常和他们一起讨论时局问题。

江竹筠偶然想起另一个在重庆西南学院上学，在反美抗暴运动中表现得十分勇敢坚定的学生，就向刘国鋕打听："西南学院有个叫罗广斌的同学，也是从昆明西南联大转移过来的，你认识吗？""怎么会不认识呢？"刘国鋕随口答道，"联大附中的，'一二·一'运动时，他是附中著名的罢课领袖，还是地下外围组织'民青社'的领导者。"刘国鋕告诉江竹筠，小罗是个很不错的同志，也是背叛了他那个封建官僚家庭投奔到革命阵营来的，在联大附中结交了一大批进步朋友，"一二·一"运动胜利结束后，罗广斌按照组织决定去了云南建水县建民中学教书。

江竹筠说："罗广斌撤到重庆来，也是组织上决定的，不知他是否知道，他那个当了国民党兵团司令的亲哥哥罗广文，现在就驻防在重庆。"

刘国鋕说："我曾在重庆碰见过罗广斌，他怎么会不知道自己的哥哥在重庆？罗广文曾邀请罗广斌去罗公馆，他都没去，总是找借口拒绝。"

"不错，小罗是个很好的同志。"江竹筠笑道，"国鋕，你不觉得，你们俩的个性很像吗？"江竹筠认为，小罗背叛他那个封建官僚家庭是应该的，但为了革命斗争的需要，也可以利用他特殊的社会关系，为党为革命作出一些更有效的贡献。

刘国鋕同意江竹筠的意见，说争取找时间给罗广斌做做思想工作。

三

“二二七”事件使重庆的学生运动受到很大冲击，市委分析原因，认为主要是地下党在各个学校没有广泛建立起基层党组织，忽略了基层党组织在“抗暴”运动中的上传下达作用。江竹筠决定从加强各个学校的基层党组织着手，打开工作新局面。

西南学院群众基础较好，进步学生众多，在“抗暴”运动中表现也很突出。学院有个地下党员学生叫罗永晔，江竹筠在工作中与他有过接触，发现他聪明能干，参与学运的热情也十分高涨。

1947年3月，江竹筠来到西南学院找到罗永晔，告诉他目前的首要任务是在学院建立党的支部，希望他们把可靠的人接纳到党的组织里来。罗永晔告诉江竹筠，陈家俊、胡振兴、秦志如这三个人是学生进步组织的领袖人物，都很可靠。江竹筠指示说：“你抓紧时间与他们谈谈，好好审查一下，如果没问题，争取尽快把他们吸收入党，把学院地下党支部成立起来。”不久，罗永晔按江竹筠的指示发展三名同志加入了党组织，成立起西南学院的第一个党支部，由他担任支部书记。江竹筠根据党支部这几个成员各自的特点，一一给他们布置了工作。西南学院党支部建立后，学运以该支部为中心，很快有组织地恢复起来。

“二二七”事件中，重庆国立女子师范学院原来的女学生党员兰健被捕，党组织遭到破坏，进步学生的热情受挫。江竹筠设法联系到了女子师范学院进步女学生赖松。

两人一见面，江竹筠对赖松说：“刘敏让我问候你。”

赖松马上警觉起来：刘敏是兰健的化名，可兰健姐已失去自由，怎么问候自己？

虽然江竹筠接着说出的接头暗号没有错，但赖松还是半信半疑，依然没有回答什么实质性的问题。在试探过程中，江竹筠看到赖松如此谨慎，感到她是一个可以信任的人。过了几天，江竹筠再次找到赖松，对她说：“新华日报社撤走后，重庆的不少党组织被破坏，但目前在逐步恢复，现在党中央传来了迎接革命高潮的指示，我们不能再坐等了，得做好准备，以实际行动迎接胜利。”赖松消除了对江竹筠的疑虑，详细汇报了女师院的情况。江竹筠说：“现在，除了继续发挥进步学生的作用，我们还必须重视争取更多持中间立场的师生。”

两人再次接头时，江竹筠对赖松说：“赖松同志，党组织考验你已经很久了，上级批准了你的入党要求，由我做你的介绍人。”她还告诉赖松，希望在女师院吸收更多成熟的好同志加入党组织，由赖松把考察女师院进步同志的任务担起来。

江竹筠加大对赖松的培养，她把自己的工作经验毫不保留地传授给赖松，特别叮嘱她要注意和群众处好关系，要学会隐蔽自己。赖松的进步非常快，她充分理解江竹筠和组织的意图，稳妥地考察发展了一些积极分子，很快女师院党支部也建立了起来。

就这样，江竹筠陆续在各大学校推动建立起党支部，学运随之进行得如火如荼。

就在这时，重庆市委通过内线得知：当局将在6月1日采取行动，对进步学生和民主人士实行逮捕。

事情紧急，彭咏梧、江竹筠心急如焚，他们紧急派人通知各学校可能暴露的地下党员和进步民主人士想办法隐蔽。江竹筠除了通知直接负责的西南学院、女师院及南岸区的部分学校，还协助彭咏梧布置全市学界采取防范行动。

南岸区的各学校离市区太远，又比较分散，需要有可靠的人去通知才放心。江竹筠想，陈家俊比较机灵，交际又广，通知了她就等于通知了其他同志。因无暇分身，江竹筠便到石板坡小学找到在那里当老师的表妹杨蜀翘，将接头事宜一一吩咐清楚。

天黑时分，杨蜀翘赶到西南学院，多亏她和陈家俊四处奔走通知，好多进步同学都脱险了。

然而，6月1日凌晨，重庆军警特务还是抓走了大批进步学生和民主人士，甚至还在重庆大学开枪打伤学生。当晚，刘国鋕正在重庆大学与同志们商讨组织游行示威的问题，他闻讯后，立即派人迅速查清重庆大学被捕人员的信息，并紧急向彭咏梧报告，商讨营救对策。

女师院那边又发生了新的紧急情况，因为保护“黑名单”上的进步同学，一群女学生用鞋子和石头还击包围学校的特务，还推翻了特务们的吉普车，特务们一怒之下抓走了十几名女学生。江竹筠和刘国鋕等急忙调动各种社会资源，营救被捕学生。

江竹筠指示女师院党支部成立事件后援会，针锋相对地宣布罢课，采取请愿和召开记者招待会等形式，争取社会力量共同声援学生。刘国鋕则在重庆大学组织成立后援会，要求无条件释放被捕记者和学生。在强大的社会舆论影响下，国民党不得不作出让步，释放大部分被捕人员。江竹筠长吁了一口气。根据事态进展，她及时传达指示，提出暂时不要与敌人硬碰硬，要保存力量。

市委随即指示彭咏梧、江竹筠和刘国鋕，成立党的外围组织“六一社”，统一领导重庆的学运工作。

为信仰工作，为信仰而战，为信仰奋斗，革命人永远充满激情。一旦投入工作，江竹筠就如同上满发条的时钟，她一刻也没有停止思考和行动，总是把工作安排得井井有条。为党工作，她的心中总有一团燃烧的火，似乎永远不知疲倦。

江竹筠决定利用即将到来的秋季招生，为女师院补充一些可靠的进步学生。她又想到了表妹杨蜀翘。

不久，在江竹筠家里，杨蜀翘由江竹筠领着宣了誓，成为一名共产党员。江竹筠告诉杨蜀翘，女师院急需补充党组织的人，希望她考到女师院去。经过一个月左右的补习，杨蜀翘参加了女师院的入学考试，最后顺利考上了学院的史地系。这与江竹筠报考川大的经历何其相似！

★ 1947 年 6 月 12 日重庆《新民报》关于“六一”事件后援会活动的报道。

听说女师院校方克扣公费，致使学生伙食很差，大家怨气很大，江竹筠就让杨蜀翘组织学生为改善生活福利开展斗争，把中间立场的同学争取过来。杨蜀翘进一步把伙食团的领导权也争取过来，竞选上了学校伙食团的主任委员，学生伙食得到很大改善。不少中立的同学慢慢向“六一社”靠拢，进步骨干不断团结在党支部周围。

江竹筠在川大经历过轰轰烈烈的学生运动，在重庆领导学运的过程中，她满怀激情，主动靠前，把自己融进进步学生当中，在幕后做了大量工作。这段时间的摔打锻炼，也为她今后经历更大的风雨奠定了基础。

《挺进报》是一柄尖刀

江上浓雾漫四方，
乌云重重盖长江。
“连手”挥动桡和桨，
拨开云雾迎太阳。

——歌剧《江姐》第一场伴唱唱词

一

重庆市南岸区南滨路钟楼广场，有一段石梯台阶，沿着石梯上去，映入眼帘的是一栋两层老建筑，这就是当年中共地下党重庆市委机关报《挺进报》的旧址，现在这里是南岸区重点文物保护单位。石板路上散落着秋日的落叶，我沿着长满青苔的石梯走上去，“挺进报”三个醒目的红色大字展现在眼前，那是陈然设计的《挺进报》报头。

小楼墙面上装饰着版画，画的是陈然在狱中斗争的场景，还有他那篇广为传颂的《我的“自白”书》：

任脚下响着沉重的铁镣，
任你把皮鞭举得高高，
我不需要什么“自白”，
哪怕胸口对着带血的刺刀！
人，不能低下高贵的头，
只有怕死鬼才乞求“自由”；
毒刑拷打算得了什么？
死亡也无法叫我开口！
对着死亡我放声大笑，
魔鬼的宫殿在笑声中动摇；
这就是我——一个共产党员的“自白”，
高唱凯歌埋葬蒋家王朝！

其实，还有很多默默无闻的英雄，他们为锻造《挺进报》这柄插入敌人心脏的钢刀，做了大量艰苦细致的工作。彭咏梧、江竹筠、刘国鋕、蒋一苇、刘熔铸、吴子见、吕品、成善谋……他们和陈然一样，在那种特殊条件下，冒着巨大的危险，完成了《挺进报》的出版发行工作。

古旧的打印机、简陋的油印器械、发黄变脆的报纸，

★ 挺进报社旧址。

★《挺进报》报头。

还散发着油墨的气味。那一个个长夜，心怀光明的人，以笔为刀，用一种怎样的激情在战斗。时光匆匆流走，《挺进报》已不再发行，《挺进报》的社址也不再是一个充满惊险紧张的地下宣传阵地，但挺进报人铸就的不朽荣光，仍然熠熠生辉。

在斑驳的树荫下，享受着和平时光的我们，可以在一盏茶、一本书的午后，在恬静的城市一角，怀想那些峥嵘岁月，走进先烈们怦怦跳动的内心。

二

新华日报社从重庆撤回到延安后，党中央的声音和解放战场的最新消息没法听到读到，此时各种谣言风起，白色恐怖加剧，重庆的空气十分沉闷，很多人感到迷茫，一些同情共产党的进步人士也对时局产生悲观情绪。

中共中央南方局领导下的出版业原有一份杂志叫《彷徨》，由蒋一苇、刘熔铸、陈然、吴子见等担任编辑和工作人员，新华日报社撤走后，《彷徨》暂时失去了领导，但几个负责人合计了一下，决定继续按“灰皮红心”的方针把杂志办下去。

1947年4月，彷徨杂志社收到一份来自香港的《新华通讯稿》，刊载有解放军在各大战场胜利进军的消息，大家欣喜万分，迅速将消息摘编成一份油印小报，取名《读者新闻》，在熟悉可靠的同志间散发。久违的消息像春水般泛滥，这份小报一下子传开了，出版两期后，大家信心倍增，也感

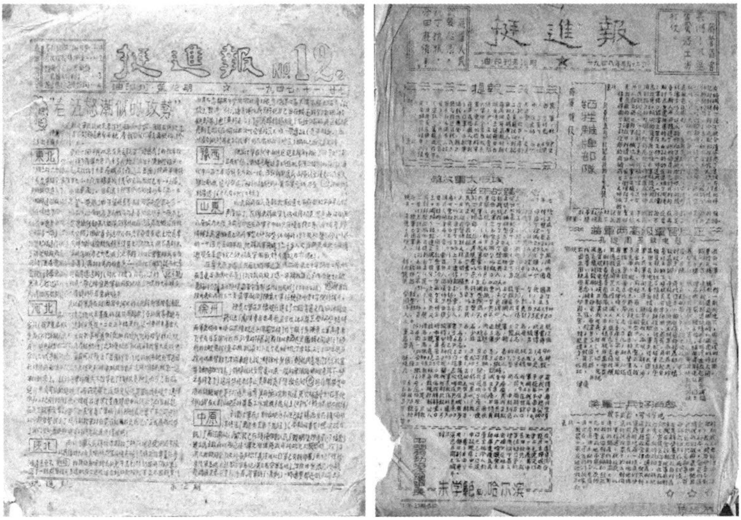
挺進報 No.12

挺進報

★《挺进报》样刊。

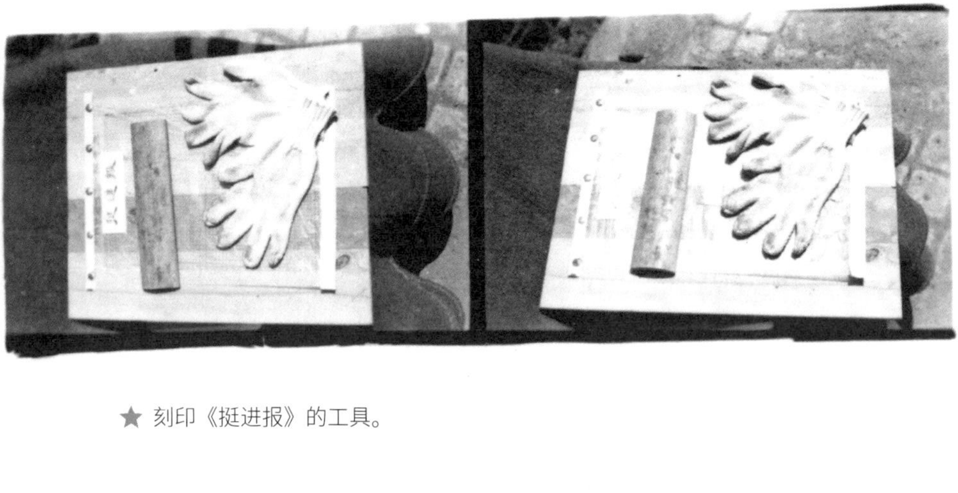

★ 刻印《挺进报》的工具。

到有必要给小报重新取个有战斗力的名字。

正在众人犹豫之时，彭咏梧让人捎来口信，建议改名为《挺进报》，一为纪念我人民解放军在东北、西北、山东、晋察冀等各个战场向敌占区挺进，二是寓意革命者要挺起胸膛向前进。大家均拍手赞成，于是《读者新闻》第三期改为《挺进报》创刊号。吴子见的隶书书法不错，大家推举由他题写报头，出自吴子见笔下的“挺进报”三个隶书大字果然十分挺拔，《挺进报》就这样诞生了。

陈然以前做过秘密印刷散发传单的工作，吴子见是《中国学生导报》的发起人之一，眼下正在《时事新报》当记者，另外刘熔铸在书店工作，综合这些条件，他们认为把这份油印小报办好并不困难。但重庆毕竟是国民党的老巢，几个人经过慎重考虑，决定把油印工作放在陈然家里，他的家在南岸的一家机器修理厂，陈然就是这个厂的代理厂长。

这里地处偏僻位置，背后是山坡，三面是围墙，厂子楼下是车间，楼上住着陈然的家人。在此印制《挺进报》，再合适不过了。

白天，蒋一苇负责刻版；晚上，陈然负责油印。陈然用一层厚纸把房间木板上的缝隙糊住，窗户上再挂一床毯子，又用黑纸把电灯包起来，这样外面看不到屋里的人在开灯工作。为防敌人搜查，陈然甚至不用油印机。他用图钉把刻好的蜡纸钉在桌上，再用打磨光滑的竹片代替滚筒，蘸上油墨在蜡纸上刮印，印完后把竹片烧掉，不留一点痕迹。重庆是有名的“火炉”，陈然家那间狭小的房间温度更高，在酷暑季节算得是火炉中的火炉，但每当陈然走进那间小屋开始印刷，不到工作结束，他不会中途出来。陈然的妈妈总是默默地关心着他。陈然工作时，她就在外边为他放哨。

新中国成立后，吴子见曾撰文深情回忆办《挺进报》的这段时光。他说，读到小说《红岩》中办《挺进报》的那些章节，不禁回忆起在重庆进行的地下革命斗争，也想起了刘国鋕、江竹筠、蒋一苇这些共同办《挺进报》的战友和同志。在《回忆挺进报及战友们》一文中，吴子见这样写道：

> 《新华日报》被封闭之后，蒋管区的人民，听不到党的声音了，听不到我军进行自卫战争的消息了，大家感到十分苦闷和彷徨。
>
> 这时，我们原来在党的领导下办刊物的几个青年，便计划着编印一种地下报纸，来报道解放战争的胜利消息，让人们看到光明，受到鼓舞。特别在3月19日胡宗南匪军侵占延安之后，反动派大肆造谣叫嚣，更使我们感到有出版地下报纸的必要。
>
> 当时我们拥有编印地下报纸的必要条件：我们可以搞到在香港出版的《群众》杂志，《华商报》和其他进步刊物；同时，还找到了收听新华广播电台广播的合适关系。我们之中的陈然同志，又是重庆南岸野猫溪镇上一个农具修配厂的厂长。这个厂依山建筑，陈然同志的家，就住在工厂高处的楼房里，环境比较僻静，便于印刷秘密报纸。

《挺进报》出刊两期后，一天，彭咏梧秘密来到开明图书局门市部，向刘熔铸传达市委指示：《彷徨》停刊，把《挺进报》作为市委机关报，由市委直接领导出版发行工作；报纸印数尽可能增加，由原来的每期二三百份增加到一千份；印刷质量尽快提高，报纸印出来后交给市委由专人发行；办报所需经费，目前组织上无力支付，由刘熔铸负责筹集，如有自愿捐助者不必拒绝，但不得以党组织或《挺进报》的名义筹措。

这样，彭咏梧实际上成了《挺进报》的直接领导人。

1947年11月，《挺进报》成立特别支部，刘熔铸、陈然先后担任特支书记。经过几个人认真研究试验，报纸的刻写、印刷质量也有了很大提高。

《挺进报》真实而迅速地传达党中央的声音和解放军的捷报，在地下党和进步群众中产生了很大影响，像一把锋利的尖刀，插在国民党舆论控制最为严密的地区，成为川东临委和重庆市委进行反蒋斗争的有力武器。

三

随着彭咏梧的工作任务调整，市委给江竹筠增加了新的任务：协助彭咏梧抓好《挺进报》的工作。

1947年立秋后的一天，彭咏梧领着江竹筠秘密来到吴子见的住处，对吴子见介绍说："这是江竹筠同志，以后和你们一起办《挺进报》，与你单线联系。"

彭咏梧指示吴子见，以后每期报纸，除交给刘国鋕一部分之外，其余全部交给江竹筠安排分发。由于敌人已经开始盯着《挺进报》，彭咏梧提醒大家，在报纸发行问题上，千万不能冒险。

江竹筠接手《挺进报》的工作后，由她约定时间和地点与吴子见接头，她把新华社广播收听记录稿和资料带到吴子见的住处，由吴子见再送到陈然他们那里。

一天，吴子见和江竹筠在街上偶然相遇，忙向她打招呼。江竹筠看清来人，却立即转身而去。原来，在外面与同志偶然碰到，要假装互不相识，这是秘密工作的纪律。市委决定把《挺进报》的供稿、出版、发行工作分离开来，又叮嘱同志们相互之间尽量避免过多联系，就是为安全着想。让吴子见特别感动的是，江竹筠自己把最危险的取送稿件和发行工作都揽在了身上。她经常昼伏夜行，到林森路的秘密点取广播稿，然后仔细校对抄清，亲手交给吴子见。

蒋一苇、陈曦夫妇是《挺进报》的又一主力，他们沉着冷静，配合默契。陈曦的母亲在家里负责为他们做家务活、带孩子。有一次江竹筠去蒋一苇家，陈曦的母亲十分热情，听说她在带小孩，就对江竹筠说：“你要是顾不过来，就把孩子带过来我给你照看。”后来江竹筠果真把云儿抱过去几次，她和蒋一苇他们谈工作，云儿就在陈曦母亲的照看下，和蒋家的孩子玩到了一起。

除了组稿出版，报纸的秘密发行最费心思。江竹筠把报纸从吴子见那里领回来后，开始通宵达旦分装，有的装进信封，有的裹成小卷，有的捆成大捆。忙不过来时，杨蜀翘、何理立、王珍如等可靠的人来了，她也让大家一起干。为确保稳妥，江竹筠发动在国民党政府部门工作的同志搞来一些公用信封寄发《挺进报》，顺利躲过了特务的搜查，她还发动在邮局工作的几位社会大学生，从邮局内部投寄报纸。江竹筠要求，分发投寄时，必须两个同伴一起，万一出了情况，另一个同伴可以及时通报，防止事态恶化。

为了通过特务的严密检查，《挺进报》每一次发行几乎都要不断改变办法，这是许多同志配合才能完成的事。在相当长的一段时间里，国民党出动很多特务，日夜监视和搜查，却始终没有查到《挺进报》的蛛丝马迹。

1947年10月10日，《中国人民解放军宣言》发表了，正式提出"打倒蒋介石，解放全中国"的口号。一天，彭咏梧正在家里伏案审阅新一期《挺进报》稿件，江竹筠回家了。

她进屋就高兴地说："四哥，有好消息。"

彭咏梧停下笔望着妻子："快说说，什么好消息？"

她拿出一叠电稿递给彭咏梧："这是刚刚抄收到的新华社最新消息。"

彭咏梧接过电稿一看，是《中国人民解放军宣言》，他越看越兴奋，竟念出声来："打倒蒋介石，解放全中国！真是太好了！"

江竹筠说："我想每个同志知道了这个消息，都会像你我这样高兴得手舞足蹈的。"

"那我们就尽快让更多同志得到这一喜讯。"彭咏梧激动地说，"这一期《挺进报》，我们就以《中国人民解放军宣言》发一个专号。"

彭咏梧雷厉风行，马上吩咐江竹筠做好发行准备，他去找蒋一苇他们商量编辑和刻印专号的事。

这期《挺进报》专号蜡纸很快就刻好了，一共印刷了1500多份，由江竹筠负责秘密寄送到各地。“打倒蒋介石，解放全中国！”这一响亮的口号，在重庆、上下川东和西南各地迅速传递。

1947年秋末，彭咏梧、江竹筠奉命到下川东领导开展武装斗争，他们领导的《挺进报》出版发行系统依然在安全运行，他们所培养的工作作风依然影响着坚持为《挺进报》而战斗的同志们。

董家坝，那条小路依旧

今日告别雾重庆，
乌云沉沉夜未央。
待等明朝归来时，
迎回一轮红太阳。

——歌剧《江姐》第一场江姐唱词

一

从云阳县城驾车，沿着崎岖的山间公路行进，两个多小时后，我们来到一个四面环山的地方，这个地方叫董家坝。这里的奇特之处，在于进出只有一条路，且路的一侧多为万丈深渊、悬崖峭壁，而此地到达长江最近的一个码头仅有七公里，在不通公路的年代，算得上一个水陆交通要道。

董家坝位于云阳龙洞镇坝上村，《水经注》记载：“江之左岸有巴乡村，村人善酿。”时间一长，“巴乡村”就念成了“坝上村”。彭咏梧的外婆家就在董家坝，外公姓桂，外婆姓任。这里也是彭咏梧幼时生活过的地方，小路边、溪沟畔，留着那个少年和小伙伴们玩耍的快乐时光。

董家坝山后面有一片松林，人称桂家山林，生长着密密匝匝水桶般粗的松树，远远望去，如雾如烟。这里北控云阳、南扼奉节，是两县交界之地，旧时国民党当局在这里的统治力量十分薄弱，彭咏梧加入中共地下党后，把董家坝作为他领导开展工作的一个秘密据点。

桂家的老房子尚在，在老屋的场坝上，我们见到了桂远福老人，他是彭咏梧的亲表弟，他的奶奶任氏就是彭咏梧的外婆。桂远福老人指着土楼老房子，为我们讲起了一段历史。

那时，地下党的交通员都在桂家接头，同志们一般是晚上来晚上走，白天从不下楼，连吃饭也是由家里人送上楼去。毕竟，由于国民党大肆进行反动宣传，很多普通老百姓对共产党的情况了解甚少，甚至把这些乔装改扮的秘密工作者当成游手好闲、不务正业的人。有一回时值六月大热天，祖母任氏看到同志们脱了衣服擦汗，露出了腰间别着的手枪，心中一惊，不由得念叨起来：看你们这样舞枪弄刀，可千万莫出错啊！

“那年腊月二十六，就是在我家这个楼上，江姐得到了彭咏梧遇害的消息。”桂远福老人又给我们指了指房前的一段石梯，“看，第二天，江姐就是从这条小路去的万县……”

董家坝这个地方，承载着彭咏梧、江竹筠太多的故事。

★ 桂家老楼。

二

由于中共中央南方局撤出重庆，1947年10月，根据中共中央上海局分管西南工作的钱瑛同志指示，在重庆成立中共川东特别区临时工作委员会（简称川东临委），由王璞担任川东临委书记，涂孝文担任副书记，刘国定、彭咏梧、萧泽宽担任委员。川东临委成立下川东地工委，书记由涂孝文兼任，副书记由彭咏梧兼任，杨虞裳、唐虚谷担任委员。

1947年11月初，川东临委召开了开展农村武装斗争的会议，决定下川东先走第一步，在长江三峡地区把武装斗争的革命烈火先燃起来。

接下下川东武装斗争这副重担的，是临委委员兼下川东地工委副书记彭咏梧。领着一支队伍与敌人真刀真枪拼个你死我活，必须要作多方面的准备。在地下斗争中摸爬滚打近十年的彭咏梧，深深懂得不打无准备之仗这个道理。

在国民党发动全面内战前夕，彭咏梧就已受命开始着手下川东的工作，扩大党在下川东的基层组织。

云阳县老党员刘孟伉是川东文化名士，诗、书、印三绝，他在大革命时期跟随刘伯承在四川举行顺泸起义时入党。抗日战争时期，刘孟伉曾先后担任党的万县特支、万县县委、万县中心县委委员，在文化、教育、统战等多方面，为党作出过很大贡献，后因党组织遭破坏而失掉关系，他多次寻找组织而未果。1946年6月，刘孟伉再次到重庆寻找党组织，终于与四川省委联系上，省委领导指示重庆市委委员彭咏梧帮助解决刘孟伉的组织关系问题。彭咏梧积极奔走，不但帮助刘孟伉恢复了组织关系，还动员刘孟伉尽快回到家乡云阳去开辟新的工作领域，及早占领武装斗争阵地。

一天，彭咏梧约刘孟伉喝茶，他们边品茗边密谈。

彭咏梧端起茶杯："祝贺您从今天起，又回'家'理事，我以茶代酒敬您一杯。"

刘孟伉举起茶杯激动地说："感谢'家'里的关怀，这杯清茶润泽心田多年的干涸，我当一饮而尽！'家'里有啥事需要我料理，只管吩咐。"

彭咏梧对刘孟伉耳语："姓蒋的已摆开阵势要全面内战，'家'里希望您尽快回到云奉南岸七曜山，使出您多年积蓄的力量，出手砸烂那些小厨房的坛坛罐罐。"

"好！我过几天就回去，在七曜山区闹他个天翻地覆。"

除了动员刘孟伉回乡开展工作，彭咏梧还与中共中央南方局在抗日战争后期部署领导的奉（奉节）大（大宁）巫（巫山）工作组负责人李汝为、卢光特等接上了关系，他们商议把云阳、奉节、巫山、巫溪连成一片，努力发动群众，筹集枪支弹药，建立武装队伍，尽快形成暴动力量。

奉大巫工作组成员贺德明，1946年夏就来到大巴山深处，以教师身份开展工作，如今是奉节私立青莲中学的校长，他团结了一批进步教职工和青年学生，与学校董事长肖和中建立起了爱国反蒋统一战线。青莲中学位于三县交界的边远山区，正是开展武装斗争的理想之地。

彭咏梧同时决定，请汤溪特支赵唯参与领导武装斗争，于是他派地下党员李汝为去云阳农坝乡联系赵唯。

李汝为秘密找到赵唯，一见面就说：“我叫余焕然。”

赵唯问：“你找我干啥？”

“我来收三尺青布钱！”

赵唯一听来人说出“三尺青布”这句话，万分激动——这正是当年县委书记彭咏梧留下的接头暗语。

李汝为向赵唯传达了上级关于开展农村武装斗争的指示，赵唯喜不自胜，其实他们早已在悄悄准备了。

川东临委专门集体听取了彭咏梧对下川东武装斗争准备工作的汇报，同志们认为，在下川东开展武装起义已具备初步条件。

临委书记王璞高兴地说：“老四呀，仍叫江竹去给你当助手，做临委与下川东的交通联络员，另外我们还把懂宣传的干部吴子见配给你，希望你们在敌人后院大巴山打响武装起义第一枪！”

夜里，彭咏梧开会回到家，江竹筠问他：“临委会讨论的结果怎么样？谁去下川东呀？”

“当然是我了！”彭咏梧接着说，“还任命我担任将来的游击纵队政委。”

江竹筠说：“那我的任务呢？”

彭咏梧望了一眼妻子，又看了看床上熟睡的儿子：“你舍得云儿？”

江竹筠说：“舍不得我就背着他，照样行军打仗。”

彭咏梧伸出大拇指：“好样的！临委研究决定，同意你和我一起去下川东。”

江竹筠高兴得手舞足蹈。

彭咏梧又说："这回去下川东，你的担子可不轻呀，你的任务主要是往来于下川东与重庆之间，做上下两级的联络员。"

此时，谭正伦已回信给谭竹安，答应到重庆来照看云儿。幺姐到来前，江竹筠暂请好友王珍如照看云儿。

夫妻俩就要启程了。临行前，刘国鋕专门来家里一趟，将一个布包塞给江竹筠，十分诚恳地说："老彭得过肺结核，身体不好，转眼就是十冬腊月，下川东的大巴山比重庆冷多了，这件皮袍就送给老彭过冬御寒吧。"

1947年11月下旬，领受任务的下川东地工委副书记彭咏梧，与江竹筠、吴子见一同乘船离开重庆，前往下川东领导武装斗争。

抵达万县后，彭咏梧联系到先期到达万县的下川东地工委委员唐虚谷，抓紧时间与万县县委书记雷震和地下党员李承林等同志接头，一起研究武装斗争准备工作。江竹筠作为川东临委和下川东地工委的联络员，一边负责联络任务，一边思考着如何在沿途设点布线。

多年后，吴子见回忆说："我们从重庆坐轮船东下，在旅途上，他们是夫妻关系，我则装扮成江竹筠的表弟。我们对未来的生活和斗争，都抱着一种新奇的憧憬，怀着一种勇敢赴死的壮烈情怀。冬季行船江风很紧，满目都是萧条的景象，船过涪陵县，我和老彭凭栏远眺，我们谈到将来的武装斗争，老彭忽有所感触地说道，杜甫凭吊诸葛武侯，有两句流传千古的名句，'出师未捷身先死，长使英雄泪满襟'，这次来下川东，不要留得后人来替我们惋惜就好了。我当时心一动，觉得这是一种不祥的预感，便用话岔开了。此时江竹筠凝望着那些高山河谷，说，这些地方山高林密，不知能藏下多少部队，真是打游击的好战场啊。”

三

两天以后，彭咏梧一行离开万县乘坐木船到了云阳。

回到故乡，却只能过家门而不入。

他们首先分乘几架滑竿来到云安镇。彭咏梧向路人打听：“我们是万县来做桐油生意的，来看看远房表弟刘子俊，晓得他住哪里吗？”他这是故意演给别人看的，刘子俊家他其实十分熟悉。

彭咏梧一行住进了榨房沟刘子俊家，大家分头开展工作。几天后，地下党汤溪特支的陈恒之和沈凯来到刘子俊家会“亲戚”，一见面，他俩见到的竟然是分别了几年的老领导彭咏梧，不禁惊喜万分。晚饭后，陈恒之和沈凯代表赵唯详细汇报了农坝乡的情况，大家一起研究了如何在当地开展武装斗争的问题，一直到凌晨。

刘子俊的孙女刘春梦是我好友，她从小听到很多关于她爷爷与彭咏梧、江竹筠一起开展地下革命工作的故事。刘子俊育有八个孩子，孩子们记得，小时候家里有很多不认识的人来来往往，大人们常围在一起嗑瓜子“聊天”，刘子俊的妻子雷氏则在家门外守着，现在想来，那是在为屋里“聊天”的人放哨呢。

刘春梦的三姑刘厚珍已经84岁，据她回忆，她十多岁的时候，家里曾经住过一个穿长衫的高个子叔叔和一个穿蓝旗袍红外套、长得端庄秀丽的阿姨，孩子们叫他们彭叔叔、江阿姨。他们是坐滑竿来的，滑竿上还放着一个竹箱子。长大后刘厚珍才知道他们就是彭咏梧和江竹筠。她还记得，一次他们在楼上开会，江竹筠对雷氏说："雷姐，我还没吃饭，麻烦你给我弄点吃的。"

还有一次，彭叔叔到家里后，腿不舒服，刘子俊给他倒了一碗酒，他把酒点燃，然后抓起蓝色的火就往自己膝盖上搓。刘厚珍问他疼不疼，他说不疼。小女孩见他满腿的毛，说彭叔叔腿上长胡子了，逗得大人们都笑了起来。

12月初，彭咏梧带着江竹筠和吴子见来到农坝乡鹿塘坪"买桐油"，来到地下党负责人赵唯的家。

见到彭咏梧，赵唯十分激动："现在下川东到处民怨沸腾，民变四起，就拿我们农坝乡这块小天地来说，就像一把干柴，只待你老彭来把它一点燃，马上就会烈焰冲天！"

彭咏梧果断决定，就在赵唯家里召开一次"鹿塘坪会议"。

李汝为、刘孟伉、唐虚谷、卢光特、蒋仁风等，很快从各地赶了过来。二十几颗暖烘烘的心聚集在一起，召开下川东具有历史意义的一次党的集会。

彭咏梧说："这几年同志们辛苦了，你们的工作很有成绩，为革命高潮的到来打下了坚实基础。今天，我余焕然亲自给你们送青布来了！”他这样风趣地一说，一下子把大家都逗乐了。

彭咏梧转入正题：“同志们，我们这次回来主要是和大家一起开展武装斗争，请你们详细谈谈这个地区的情况，特别是群众基础和武装情况。”

大家踊跃发言，说目前国民党在下川东还没有正规军，一些保安队也没有什么战斗力，开明绅士的统战工作进行得也比较顺利，已经出现了不少揭竿而起的绿林武装。

会上，江竹筠介绍了当前的形势，彭咏梧为大家讲解了《中国人民解放军宣言》，传达了党关于开展武装斗争的指示。最后，会议决定正式成立川东游击纵队，纵队司令员由赵唯担任，纵队政委由彭咏梧担任，纵队下辖三个支队：巴北支队、七南支队、奉大巫支队。

会议开了整整两天。会议一结束，同志们立即奔赴下川东各地，把星星火种带到大巴山、七曜山和大宁河畔。

彭咏梧带领江竹筠、吴子见等随即前往奉节县青莲中学，打算把那里作为奉大巫支队的指挥中心。

奉节望族肖和中是青莲中学的董事长，肖家几代人在外读书，受进步思想影响很大，肖和中本人又比较开明，赞同走共产党的革命道路。经贺德明做工作，肖和中同意以新聘教师的名义将彭咏梧、江竹筠等人聘到青莲中学。

向导卢光特身姿矫健，他提着江竹筠的箱子健步在前，彭咏梧、江竹筠、吴子见等跟在后面。吴子见擦了擦额头的汗水，放眼望去，只见崇山峻岭，风起云涌，不禁触景生情吟诵起来：“大风起兮云飞扬，路漫漫兮陡且长……”

江竹筠接过话头：“再长的路，总会有尽头！”

卢光特说：“江姐，这百多里山路，可不好走哟，我劝你坐滑竿你偏要走路，累了吧？”

“是有点累，”江竹筠一边擦汗一边说，“步行上大巴山，就是为了更好地认识大巴山。”

彭咏梧赞许：“共产党人就是要以体会苦难的方式来结束苦难。”

小吴向江竹筠伸出大拇指：“你真像鉴湖女侠秋瑾，身不入男儿列，心却比男儿烈！”

奉节青莲中学校门口，校长贺德明带领师生迎接几位新聘教师的到来。

校长热情地介绍新老教师彼此认识，同学们好奇地拥挤在门口和窗外，七嘴八舌地议论起来。

“听校长说，他们都是从重庆聘来的。”

“嗬，还有个女先生呢！”

彭咏梧、江竹筠夫妇住到了肖家，肖和中向外人介绍说：“彭先生是我儿子同学，他太太是我女儿在四川大学的同学，他们能屈尊来我们这山旮旯里执教，是我肖某人的荣幸！”

肖和中慷慨地把家中的一百多支枪全部捐了出来，游击队有了最基本的武器装备。同时，彭咏梧与同志们研究后，决定尽快收编一批绿林武装，壮大力量。

奉节昙花乡陈太侯，为人耿直豪爽，因涉嫌抢劫地主被政府逮捕，坐过两年监牢。由于他素与官府不睦，多次遭诬陷被通缉，被逼得流离失所，有家难归。为了生存，陈太侯团结一批走投无路的朋友，成立了袍哥会。鉴于陈太侯的出身和表现，卢光特前期多次去给他做了统战工作，陈太侯对共产党早就有了好感。

一天夜里，彭咏梧在卢光特陪同下，冒着隆冬寒风赶了50多里山路前往昙花乡，见到了陈太侯。

陈太侯双手抱拳，高声叫道："彭老兄！受我一拜！"

彭咏梧拉起陈太侯的手，亲热地说："陈老兄不必多礼！"

陈太侯命令弟兄们扛来20支长枪，整齐地架在火塘旁边，说："枪不多，是我们的见面礼。"

彭咏梧抚摸着这批枪支，仿佛看到了陈太侯对国民党反动派仇恨的怒火，看到了他追求革命的诚意。他竖起大拇指，爽朗地说："真是英雄好汉！你有胆有识，拿枪的如果都像你，反动派早就垮台了。"

陈太侯兴奋地说："彭老兄，彭共产，我完全听你的，不讲二话！"

他愿意捐出全部枪支弹药，还有积蓄的几百石稻谷。

彭咏梧接着说："从今天起，你们就是游击队的一员，在共产党的领导下，用手中的枪杆子为人民打江山！"

彭咏梧一席话，像一星火种，驱散了巴山茅屋的昏暗，更照亮了巴山汉子们的心。

不久，由陈太侯出面，做通了奉节另一个绿林把头宋海清和云阳四十八槽的绿林把头吴伦壁的工作，宋吴二人也带领兄弟们加入了起义队伍。

12月17日夜，奉大巫游击支队成立大会在昙花乡召开，陈太侯任司令员，彭咏梧兼任政治委员，蒋仁风任参谋长。

彭咏梧领导的武装暴动工作，就这样风风火火地开展起来，共产党的影响在奉节各地迅速传播，在大巴山麓、梅溪河两岸形成了武装暴动的强大声势。

1948年元旦刚过，彭咏梧在青莲中学这个暴动临时指挥所主持召开暴动筹备会。大家摩拳擦掌，热烈讨论，最终将暴动定在冬月底，具体安排为：工委副书记卢光特、巫溪党组织负责人王庸负责巫溪大宁盐场起义，中队长谢国茂负责云阳南溪镇起义，蒋仁风、陈太侯协助彭咏梧坐镇青莲中学，负责全面指挥。

武装起义的枪声在奉大巫一旦打响，下川东各地斗争将风起云涌，为适应形势发展需要，游击队急需一大笔经费、一批知识干部和战场医药用品。彭咏梧和大伙儿商量，派江竹筠抓紧回重庆汇报奉大巫起义情况，并筹措物资经费和增调人员。

四

这次随彭咏梧到下川东实际领导武装斗争，让江竹筠时常感慨不已、兴奋不已。

好多我党派遣的优秀同志已先期来这里扎下了根，大家早已和当地群众打成一片，其中不少还是大学生，有的同志江竹筠曾在重庆见过，在这里再见到他们，感到十分亲切，也几乎认不出来了，他们不仅脱下了城里的服装，换上了农民的衣衫，而且神情和作风也变了样，以前留蓄的长发没有了，全像当地农民一样剃成了光头，他们和当地老乡同吃住同劳动，皮肤晒得和农民一样黑，脚上、手上的老茧和地道的农民一样厚，挑着百十斤的重担，也能在崇山峻岭间行走如飞。江竹筠身在同志们中间，仿佛已听到了那震撼下川东大地的枪声……

江竹筠一边往箱子里装随身衣物，一边听着丈夫的嘱咐。

彭咏梧说："下川东革命形势的发展，比我们离开重庆时估计的要快得多。"

"是呀，"江竹筠应道，"游击队有了人又有了枪，等起义的枪声一打响，会是多大的阵仗呀！"

"下一步在打游击的地区，既要巩固游击队，还准备建立下川东革命根据地。从长远打算，我们这里最缺少的是政治工作干部，你这次回重庆向临委汇报工作，除了将武装起义的情况向组织上报喜外，要专门提出选派政工干部这件事，可不能打空手回来哟！"

江竹筠嗔怪他："还要筹集一笔经费作游击队扩大后的给养，还要带医药来，是这样吗？你说了好多遍啦，放心吧，件件都忘不了，我的好政委！"

彭咏梧向江竹筠进一步交代，由于形势非常险恶，让她务必争取一个月内赶回。为安全起见，彭咏梧让她从重庆回来时，先到云阳董家坝的外婆家等消息，并让她带上那张他们一家的合影照，以便与外婆相认。

最后，彭咏梧不忘叮嘱江竹筠："你回重庆后，一定要挤出时间，去看看我们的云儿。”

江竹筠禁不住双眼闪烁着泪花，不住地点头。

天亮了。彭咏梧提着箱子，同江竹筠一起走出房门，吴子见已在院子里等候，他从彭咏梧手中接过箱子走在前面，一行人朝雪后的山下走去。

“江姐，”吴子见对江竹筠说，“千万别忘了给我在重庆找几本有关游击战争的书！”

“记住啦，千万千万要给你带到下川东来！”

“还有哩，”吴子见放低声调对江姐说，“我们在这里打游击，几乎与世隔绝，你见到重庆的同志后，请他们设法搞一部直流收音机来，好收听新华社的广播，我想在这里办一张报纸。”

“啥样的报纸？”

“办一张《挺进报》下川东版。”

江竹筠高兴地拍起手来：“你和四哥到哪里，都忘不了我们的宣传武器《挺进报》。小吴，你的想法真好，我举双手赞成！”

江竹筠转过头来问走在后边的丈夫：“四哥，你说呢？这回还是你来当主编行不行？”

“完全同意，”彭咏梧笑道，“我义不容辞。”

分别时刻，江竹筠深情地看着大家，她的目光最后落在丈夫身上。想到暴动在即，彭咏梧将出生入死，她又担忧起来，眼里盈满了泪水。她怎么也没有料到，这竟是一次宣判命运的离别。

五

一回到重庆，江竹筠就隐隐感觉到，整座城市都弥漫着一股令人透不过气的沉重气氛，无论到哪里，身边都游走着一些行动异常的人，她凭直觉判断这些是国民党安排的便衣特务。

江竹筠先后找到了川东临委书记王璞、临委副书记兼下川东地工委书记涂孝文，向他们汇报了下川东的情况。王璞听了汇报后，为下川东武装起义的进展感到高兴，赞同彭咏梧制订的暴动计划，还关心地问彭咏梧的身体如何，肺病好了些没有。对筹集经费物资和选派人员的事情，王璞也作了具体安排。

涂孝文却是另一种口气，暗示彭咏梧应该尊重他这个书记，他说："咏梧同志的工作开展得这样好，这是我没有想到的。他的暴动计划我也是赞同的，但应该把声势搞得更大一些，你回去后，叫他以后多与临委通气，有什么计划先向临委汇报，他一个人毕竟不如大家集思广益效果好嘛。"

江竹筠说："当然不是他一个人说了算，这些计划是下川东的同志们根据当地实际情况，共同研究制订的。"

抗战前涂孝文在成都上学，抗战爆发后回到泸州负责党的工作。1939年秋，他被中共中央南方局选派去延安学习，后于1945年参加了党的第七次全国代表大会。1946年，党中央为加强国统区工作，又派涂孝文回了四川。对这位党的七大代表，江竹筠一直不太了解，但心怀敬意；可经过这次谈话，她对涂孝文有了一些说不出的新看法。

按照王璞指示，江竹筠找到了重庆市委副书记兼组织部部长冉益智，请他帮助选调一批精干可靠的青年干部，随她去下川东充实武装斗争力量。冉益智满口答应，说江竹筠要多少他就派多少。江竹筠很感激，直接点了她熟悉的十多个人的名字。冉益智拍着胸脯说包在他身上。

江竹筠又找到刘国鋕，让他筹措一些下川东急需的物资和医药，刘国鋕答应很快，办得也很快，没几天就筹集齐了。

江竹筠还专程去见了老朋友蒋一苇，过问了《挺进报》目前的情况，蒋一苇说办报的同志们一如既往，热情高得很，如今这份小报的作用越来越大。听江竹筠介绍了下川东武装斗争的形势，蒋一苇也十分高兴。

江竹筠说："小吴想请大家设法搞一部直流收音机，好在山里头收听新华社消息，他想办《挺进报》下川东版呢。"

蒋一苇哈哈大笑，说："收音机的任务包在我身上。"

当江竹筠说到儿子彭云，蒋一苇告诉她："听何理立讲，王珍如一个单身姑娘带着云儿很不方便，学校有些人还怀疑是她的私生子，干脆你把云儿放我们家吧。"

感动之余，江竹筠觉得很对不起王珍如，她没想到云儿给王珍如带来这么大的麻烦。离开蒋一苇家后，江竹筠便到大公报社找到谭竹安，问幺姐什么时候到重庆来。谭竹安说幺姐处理完老家的事情就来。

江竹筠内心对幺姐十分感激，由衷钦佩她的胸怀。这段日子她和彭咏梧虽然在云阳、奉节一带工作，但毕竟是秘密活动，不能回老家去见她。江竹筠多么盼望幺姐现在就能过来，这样既解决了照看云儿的问题，自己也能见见这个心里一直对不住的好姐姐。

晚上，江竹筠来到北碚天府煤矿子弟校王珍如的宿舍外，她轻轻喊：“珍姐！”一听是江竹筠的声音，王珍如惊喜地打开房门。

儿子彭云正玩着一支木头手枪，抬着头疑惑地看着江竹筠。

她跑过去，一把抱住云儿，痴痴地看着他。云儿看着有些陌生的江竹筠，怯怯地叫了一声：“妈妈。”

江竹筠的眼泪一下涌了出来。

心情平复下来后，江竹筠对王珍如说，孩子在这里让她受了很多委屈，这次她要把云儿接走。

王珍如急了：“几句烂舌根的话还能把我吓倒？云儿这么听话，你和四哥就放心地让他跟着我吧！”

江竹筠摇摇头：“我和四哥是去下川东打游击，敌人很快就会知道，已经有人怀疑你了，迟早会穿帮，云儿还是去别的地方吧。”

“可你把他带到哪里去呢？”

“我想好了，让他去蒋一苇家，他家也有小孩，正好有个伴儿。”

深夜，江竹筠亲手把云儿交给了蒋一苇夫妇。

一个多星期，江竹筠在重庆日夜奔走，组织的事，家的事，事事都操心，最让她牵挂的还是下川东的事，她决定尽快赶回奉节青莲乡，把物资和人员早一点送到川东游击纵队。

但拍胸脯的冉益智最终只落实下来杨建成、刘本德、罗曙南、周毅四个青年干部。腊月初七这天，江竹筠把几个同志召集起来开了一个碰头会，讲了这次去下川东的目的，又拿出几张青莲中学的教师聘书，让他们各自填好，带在身上作为身份掩护，防范各种检查。大家尽量随身少带东西，江竹筠这次筹措的经费物资由另外的渠道运送。

江竹筠仔细交代，大家务必随时提高警惕，周毅是女同志，路上跟她一块，其他三个男同志一块，大家扮成不同身份的人，同乘一条船，同住一个店，但装作互不相识，暗地里又互相照顾。

他们决定次日清早动身，先乘船去万县，然后再去云阳。

很快，五个人经万县到了云阳。在云阳，交通员邹开连告诉他们，游击纵队已经提前起义，这些天大批国民党军和保安队已经开过去“围剿”云奉巫边境地区的游击队，情况目前还不明朗。

六

实际情况是，江竹筠刚离开奉节不久，彭咏梧他们就提前举行了武装暴动。

1948年1月8日，联络人员带来一个不好的消息：大宁盐场税警中队的起义计划走漏了风声，敌人加强了防范，税警中队不敢轻举妄动。按指挥部原定计划，大宁盐场税警中队是这次暴动最有把握的一个点位，现在情况突变，这部分力量可能抓不到手里了。如果敌人派重兵闻风而来，整个暴动计划可能前功尽弃。

箭在弦上，不得不发。当天下午，彭咏梧紧急与大家商议，决定提前起义。随后，他们制订了作战计划：一是由奉大巫支队中队长谢国茂带队攻打云阳南溪镇，取胜后立即撤回青莲乡，准备下一次行动；二是由卢光特、王庸率领队伍先行出发，袭击巫溪大宁盐场；三是由陈太侯、蒋仁风率领一个中队从后续出发，驰援卢光特、王庸领导的大宁盐场暴动。

当晚，谢国茂带领60多名游击队员冒着严寒攻打南溪镇。南溪是云阳县的商业重镇，离云安盐场约20里，是米粮、山货等重要物资集散地，也是从大巴山出云阳的重要通道。南溪场镇中心有八大米粮铺，为了安全，每个粮铺老板都持有枪支弹药，还在街头街尾设置木栅栏，每晚二更以后便关栅门上锁，第二天天亮后才开锁让行人通行。场镇后面是南溪乡公所，驻扎有国民党的保安分队，他们刚从云安盐场新运了一批枪支弹药。攻打南溪的战斗很顺利，仅仅用半小时就宣告结束，起义队伍一共缴获敌人步枪40多支、机枪2挺、短枪4支和一批弹药物资。

而袭击巫溪大宁盐场的队伍在半夜赶到盐场附近时，发现原来策反的税警全调走了，新调来的税警戒备森严。卢光特和王庸觉得不能以卵击石，他们当机立断，决定调头袭击防守薄弱的西陵乡公所。拂晓时分，在卢王二人的带领下，兵分两路奇袭，一路冲进西宁桥场镇上，抢占上下场口，一路由后街直奔西宁乡公所，截断电话线，砸烂电话机，并开展搜查，在一个红苕窖里搜到27支步枪，同时没收了几家财主的土布300多匹、银元60多块，除银元留作游击队给养外，粮食、布匹等全部散发给了场镇上的穷人。

云阳南溪、巫溪西陵暴动旗开得胜，但却惊动了敌人，甚至直接通了天，消息传到了南京。蒋介石听说共产党游击队在他屁股后面插刀子，立马专电重庆行辕主任朱绍良，一方面指斥“奉节县长事前防患共匪，足微不力，该乡保甲长亦显系窝藏共匪，知情不报，须从严议处具报”，同时把国民党正规军陈诚的嫡系方靖部一个师，调到下川东万县驻防，将下属三个团的兵力，分别驻进奉节、巫溪和开县。又命令国民政府万县专署专员李鸿焘从云阳、奉节、巫山、巫溪抽调保安队，拼凑成一个团，由李鸿焘亲自到云阳南溪指挥“围剿”，要把游击队扼杀在摇篮之中。一时间，整个下川东的城镇乡间、大街小巷，贴满了缉拿游击纵队领导人彭咏梧、蒋仁风、赵唯、陈太侯等人的悬赏布告。

彭咏梧意识到问题的严重性，决定队伍紧急向大梁子山转移，那个地方山高路远，纵深很大，易守难攻。

此时偏偏下起漫天大雪，山路陡峭泥泞，游击队只能艰难行进。彭咏梧连续两三天没合眼，加上这些天肺病加重，身体显得十分虚弱。吴子见见状，建议给他找架滑竿，彭咏梧谢绝了好意，一心想着如何突破危局。他派人通知卢光特、谢国茂，争取当天各队在老寨子会师然后找到敌人的薄弱点，寻机冲出包围圈。

傍晚，奉大巫支队如期在老寨子会师，但总人数只剩下120多人。彭咏梧给同志们鼓气动员，告诉大家他的转移方案：队伍兵分两路，一路由他和蒋仁风、王庸、陈太侯率领，向巫溪红池坝转移；一路由卢光特、吴子见率小分队南出云阳，伺机到南岸与刘孟伉会合。

按彭咏梧指示，卢光特、吴子见带着小分队率先向云阳南岸出发了。分别时，带病的彭咏梧咳嗽着嘱咐吴子见把工作安排好后，争取在腊月中旬赶到董家坝，接上江竹筠和她带来的人。

彭咏梧带领队伍径直往巫溪的红池坝进发，风雪迷茫，星月无光，队伍中不少队员缺乏夜行军经验。大家高一脚低一脚，在满是雪泥的崎岖山路上前进，饥饿和疲劳，像两块石头重重压在每个队员身上。天亮时分，队伍好不容易翻过一座大山，来到一座叫十王庙的寺庙，大家经研究决定：队伍进入庙内休息，弄饭吃，注意隐蔽，晚上再走。

进庙后，队伍找到庙里的住持叶和尚，叶和尚双手合十："阿弥陀佛！昨天下午，一营国军上得山来，就住在庙后两里远的景向寨，晚上还来庙里借过煮饭的用具。"彭咏梧派人一侦察，寨子里果然有敌军踪迹，他当即决定："迅速转移，从庙侧的西北方向，穿密林上巫溪的鞍子山。"队伍不顾饥饿疲劳，马上急行军转移。

真是百密一疏，队伍离开十王庙时，大家相信出家人"慈悲为怀"，竟然没有把那个口念"阿弥陀佛"的叶和尚一起带走。游击队前脚刚离开，叶和尚后脚便紧跟出庙门，急急忙忙到保长家报告了游击队进庙休息和离开后的去向。保长的儿子许汝太连忙向住在那里的国民党军581团3营告了密。

第二天天亮时，彭咏梧一行人到达黑沟淌。经过几十里急行军，游击队员们更加饥饿，这时大家发现山坡上有一间农舍，便决定在这里布好岗哨，到农舍稍事休息，弄点吃的，再往目的地进发。这家农民叫杨代金，游击队从他家中买了些红薯和苞谷面，准备煮点红薯苞谷粥。人多锅小，煮好第一锅，正在煮第二锅，“啪——”突然传来一声枪响。霎时间，敌人密集的火力已扫射过来，队员们连忙丢下饭碗往外冲。

彭咏梧命令陈太侯、王庸带着大部队从屋子前面突围，他带着剩下的同志，从厨房后门冲了出去，冒着弹雨往斜坡下奔。就在这时，彭咏梧突然听到身后传来“哎哟”一声，他回头身一看，发现是队员刘景太被流弹击中了，彭咏梧返身扶起刘景太，但他脚下的石头一松，两人滚下了岩坝。

敌人的枪炮，像爆竹一样响彻山谷，刘景太胸前一片血污，断断续续地说：“政委……别管我！”

“快爬上去！”彭咏梧重新扶起刘景太。

刘景太摇摇头：“你……你快走！”

“我们一起走！”

彭咏梧回头一看，从正面突围的战友们已冲下坡地，脱离了险境，他急忙吩咐刘景太：“两手向上抓牢！”边说边把头伸进刘景太身下，慢慢将他用力往上顶，刘景太终于爬上了陡坎。彭咏梧也爬了上来，扶着刘景太一起往树林边奔去。

疯狂的敌人一看路边还有游击队在活动，所有的火力一齐对着彭咏梧他们发射过来，彭咏梧一个踉跄，一下子就扑倒在地上，鲜红的血，从他腿上、胸前，汩汩地往外流淌……

彭咏梧眼含深情，眺望着太阳将升起的东方……他牺牲了。

敌人围拢过来，敌营长残忍下令砍下彭咏梧、刘景太和

★ 彭咏梧牺牲地黑沟淌。

另一个牺牲游击队员的头颅。

三位烈士的头颅，被挂在奉节竹园坪城楼上“示众”。

不久后的一天深夜，当地几位群众把烈士头颅偷了下来，悄悄安葬在红沙梁上。

【中国共产党重庆历史大事记】1948年1月7日，云（阳）奉（节）两巫（巫溪、巫山）武装起义发动，卢光特、王庸率领奉大巫支队巫溪中队在巫溪西宁桥打响第一枪，战斗打响后，奉大巫支队先后取得西宁桥、南溪、铜钱垭等战斗的胜利。云奉两巫的武装暴动引起了国民党政府的极大关注，急忙派出正规部队和当地的保安团对奉大巫支队进行“围剿”。1月16日，彭咏梧率基干队转移到鞍子山，遭敌人包围，彭咏梧等突围时牺牲，蒋仁风等被俘，余部转移。①

七

听了邹开连的讲述，江竹筠非常担心，她决定赶紧到董家坝去等消息。

一行人先坐船到了长江北岸的云阳东洋子码头，再从东洋子走旱路来到董家坝，找到了彭咏梧外婆家。

此前，彭咏梧已派人到外婆家，向家人说明了江竹筠

① 《中国共产党重庆历史大事记（1919～2006）》，中共重庆市委党史研究室编，重庆出版社，2014年12月出版，第102页。

的身份，以及将外婆家作为他们在奉大巫“办事”联络点的安排。

江竹筠向从未见过的外婆作了自我介绍，并递上与丈夫儿子的合影照，外婆仔仔细细端详了好一阵，高兴地说：“真是我外孙子又娶的媳妇呀！”说着热情地牵着江竹筠的手往屋里引，“外头冷，你们快进屋！”

外婆家单门独户，住着外婆和彭咏梧的表弟邱衍伦。邱衍伦是彭咏梧的姨表弟，还不满20岁，他从小在外婆家寄养，受表哥彭咏梧影响，非常向往革命，江竹筠等人在此逗留期间，由他帮忙打点一切。

入住外婆家一周后，江竹筠等人终于等来了风尘仆仆的卢光特。

大家急切地围着卢光特打听情况，卢光特先在火塘上烤了烤，迟疑地说：“起义提前了，开头还打了两个胜仗，后来敌人的正规军开始‘围剿’，彭政委和蒋仁风、陈太侯带着主力向鞍子山一带转移，让吴子见和我带一支队伍向云阳这边转移，分开后那边的情况就不大清楚了。”

晚饭后，卢光特随江竹筠到了另外一间屋子，详细地讲了青莲乡武装起义的情况，江竹筠的神色顿时凝重起来。

“你也不要太急。”卢光特安慰她，“彭政委很果敢，他把我和吴子见派到这边来，对工作都做了很具体的安排。”

两天后，吴子见按约定的时间来了。

江竹筠忙从行李箱中拿出小吴要的书，亲切地问：“同志们都好吗？”

吴子见已得知彭咏梧牺牲的确切消息，见到江竹筠，他一时无法掩饰悲伤。

想起在青莲与大家离别时那个轻松自信的吴子见，江竹筠一下子意识到情况不妙，她让大家去休息，要单独和吴子见、卢光特谈一下。

“四哥呢？”

“哦，他……”吴子见喉头发哽，不知怎么向江姐说。

“四哥他现在在哪里？”江竹筠继续追问。

小吴支支吾吾地说：“彭政委，他，他……”

“有什么事瞒着我，为啥不愿讲？”

吴子见低声说：“江姐，我讲。”

三人在还有些余温的火塘边坐下。吴子见向江竹筠讲了彭咏梧在鞍子山黑沟淌被敌军包围，为救战友壮烈捐躯的传言。

泪水无声地滚落，江竹筠身体猛烈地抽搐起来。

吴子见又说：“不过这也还没证实……”

过了好一阵，江竹筠说：“看来不是啥子传说，我们在这个联络点已待了七八天，不宜久留，赶紧商量下一步该咋办。”

到了这种时候，江竹筠还提出研究工作，卢光特和吴子见二人对她更加敬佩。

最后商议决定，四个新下来的同志不能再去奉节了，七曜山工委现在最需要人，杨建成、刘本德、罗曙南三个男同志跟吴子见去七曜山与刘孟伉会合，江竹筠带卢光特、周毅回重庆向临委汇报情况。

八

邱衍伦找好了船，江竹筠与外婆告别，带着卢光特、周毅逆水而上。年老的外婆，还不知道自己最疼爱的外孙，那个从小爱帮助别人的彭咏梧，为了帮助更多人翻身得解放，已经牺牲在前行的路上。

到万县后，考虑到人多了路上危险大，周毅留在了万县，江竹筠和卢光特继续上重庆。途中，江竹筠对卢光特说："董家坝的邱老表是个好青年，为我们做过不少事，要争取把他吸收入党。"受了这么大的打击，卢光特没想到她此时还在惦记着党组织的事。

1948年2月7日傍晚，船靠重庆朝天门码头，江竹筠与卢光特分开行动，江竹筠去向川东临委领导汇报，卢光特暂时隐蔽下来等待任务。江竹筠见到了涂孝文，汇报了暴动后的危急情况以及彭咏梧牺牲的消息。涂孝文听到彭咏梧牺牲了，脸霎时变白了。江竹筠向涂孝文表示，她没有很好地协助彭咏梧搞好工作，游击队犯了轻敌冒进的错误，这个教训应该吸取，她请求涂孝文早点作出新的指示。涂孝文表示，他需要先跟王璞研究研究。

江竹筠却十分着急："拖一天又不晓得还会发生什么新情况，卢光特同志已经随我回重庆，建议由他秘密组织重庆的下川东进步学生，借春节回乡之机，去布置有合法掩护的第二条线。至于我个人，我想尽快回到那边去。"

一天后，川东临委书记王璞与江竹筠会面，详细听取她

★ 江竹筠从董家坝离开的小路。

的汇报，王璞一支接一支抽着烟，非常认真地听着，眼里满含泪水。

江竹筠汇报完后，王璞沉痛地说："江竹，老彭遇害了，敌人肯定正在搜捕你，如果你再回下川东，危险确实很大。你留下来，组织上对你另作安排。"

"不！"江竹筠一字一句说出经过仔细思考的话，"革命总会有牺牲，我们应好好接受失败的教训，我请求重返四哥战斗过的地方……下川东的情况，我最熟悉，我去有利于迅速恢复那边的一些关系。再说，四哥他牺牲在那里，我要回到他倒下的地方继续战斗。"

王璞说："江竹，你先休息，组织上会认真考虑你的要求。"

除夕上午，江竹筠与涂孝文又见了面，涂孝文对江竹筠说："奉大巫那边的事，你先不要管了，由卢光特同志跟我直接联系，我也打算去万县，安排邻近地区的党组织从侧面支援下川东。"

除夕夜家家团圆，江竹筠却无家可归，她想了想，向何理立家走去。

何理立此时也正在危难中，她的丈夫仲秋元已经被捕半年。见江竹筠这时来了，何理立特别高兴。

这天晚上，两人睡在一起，都在默默流泪。一个的丈夫身陷囹圄，一个的丈夫壮烈牺牲。家国与革命，在两位弱女子心头重若千钧。

江竹筠突然翻过身来，悄悄问何理立："你说两三岁的小孩能记得自己的父母吗？”

何理立说：“等革命胜利了，大家天天在一起，不就熟悉了吗？”

江竹筠没有说彭咏梧牺牲的事，何理立还蒙在鼓里。

正月初一一大早，江竹筠去了蒋一苇家。

蒋一苇仍在忙着《挺进报》的事，很早就出了门，他的夫人陈曦带着孩子到亲戚家拜年去了，母亲留在家里照看云儿。

江竹筠进屋后一见到云儿，就紧紧搂着他，泪珠啪啪滚落在儿子的小脸上。

但江竹筠不能久留，她开始四处奔走，做着再次赴下川东的准备。

几天后，川东临委考虑到彭咏梧牺牲后，的确只有江竹筠最熟悉下川东这条线上的各种关系，同意让她再去下川东。

九

再次离开重庆前，江竹筠回家里住了一晚。睹物思人，悲痛欲绝，她抚摸着家里的每一件物品，仿佛触摸着丈夫的气息。梦里，她又与彭咏梧在一起了，快乐充满梦境，醒来却泪湿枕畔，她决计循着丈夫的足迹而去。

江竹筠启程去了万县。

然而刚到万县，又得到一个令人悲伤的消息。巴北支队在除夕夜举行了暴动，工委书记兼支队政委李汝为同志不幸被俘，在云阳农坝乡英勇就义。支队剩余武装在司令员赵唯的带领下，只好潜伏下来。

江竹筠已不宜再去云阳，她滞留在了万县。

【中国共产党重庆历史大事记】1948年2月9日，下川东地工委书记涂孝文总结奉大巫支队武装暴动失败的经验，要求暂缓大规模的公开起义，已上山的采取隐蔽活动，未上山的暂缓上山；撤出奉大巫地区人员，保存力量；建立平行组织，安排新的未暴露的干部下去工作，不与原组织打通关系。他本人到下川东就近领导，杨虞裳到赵唯处代表地工委领导纵队司令部和汤溪工委，卢光特负责奉大巫工委，江竹筠负责云奉南岸工委与地工委的联系。在下川东地工委的领导下，开县支队在开县临东乡凉水井、巴北支队在云阳农坝乡后槽子、七南支队在七曜山区先后展开战斗。巴北支队取得对云阳农坝团总、开县河堰口保安中队战斗的胜利。但在国民党军队的“围剿”下，这几个支队的斗争也相继失败。后根据上级指示，这几支队伍将武装力量化整为零，在云阳、湖北利川、奉节、开县境内分散做群众工作，坚持战斗到解放。[①]

这时，涂孝文也来到了万县，以在万县辅成法学院挂名

---

①《中国共产党重庆历史大事记（1919～2006）》，中共重庆市委党史研究室编，重庆出版社，2014年12月出版，第103页。

学习作掩护，负责下川东临委的工作。江竹筠找到他，要求尽快投身工作，可涂孝文只是让她耐心等待。

丈夫出师未捷身先死，自己却又出征未成，这是江竹筠最沉闷的日子。这些日子，李承林、曾琼英夫妇一直安慰她照顾她，但看到她寡言少语、情绪低落，也不禁叹气，他们明白江竹筠内心有多么煎熬。不久，党组织派人送来了彭咏梧牺牲后留下来的血衣，上面仿佛还留有彭咏梧最后的气息。看到血衣那一刻，江竹筠长久地沉默着，她的眼泪已经流干了。

细心的李承林找来一个皮箱，帮江竹筠把血衣藏了起来。

为免引起怀疑，江竹筠找到川大同学、万县地方法院推事廖荣震，再次以“江志炜”这个名字，在法院会计室临时当一名收取诉讼费的雇员。地下党万县县委书记雷震正好在该院任统计室主任。

工作之余，江竹筠时常到雷震家走动。出入雷震家的，还有地下党万县县委副书记李青林。李青林原名李方琼，1913年出生于泸县一个富裕家庭，她从泸县女子师范学校毕业后，在1939年加入中国共产党，后来担任了万县县委副书记，她的掩护身份是万县清泉乡第六保国民学校教师。

江竹筠、雷震、李青林三人协调配合，利用万县这个下川东中心城市联络着各地同志，又紧张地筹备着南岸山区的武装斗争。

1948年5月的一天，作为联络员的卢光特来到万县向涂孝文进行紧急汇报：最近刘国定、冉益智失踪，不知出了什么情况。二人初步估计，重庆方面可能有重要人物叛变。

涂孝文对卢光特说："你立即回重庆，迅速转告各地同志，水浑了，马上停航，以后如果有急事，先去找临委重庆的负责人，不用急着来万县找我。"

大家都不知道重庆已经出了叛徒，涂孝文只顾自己隐蔽，也没有将情况告诉江竹筠、雷震等人，江竹筠仍像往常一样开展着万县地下党的工作。

每当夜深人静，苦闷悲伤的情绪便向江竹筠袭来。丈夫牺牲，骨肉分离，再坚强的人，也会感受到锥心之痛。她强忍心中的痛楚，给谭竹安写了一封又一封信，委婉道出自己的感受，倾吐心中的积郁，释放一些情绪。但她又不能在信中说出工作中的秘密，只能用一些隐晦的语言来表达。

1948年3月19日，她给谭竹安写了这样一封信，信是用钢笔写在四张竖排红格信笺上的。

竹安弟：

我下来已经快一月了。职业无着，生活也就不安定，乡下总是闹匪（指敌军剿"匪"），又不敢去，真闷得难受。何法？由于心情不好，总提不起笔，本来老早就想给你信了。

你现在还好吧？我愿你健康。

四哥，对他不能有任何幻想了。在他身边的人告诉我，他的确已经死了，而且很惨。"他该会活着吧？"这个唯一的希望也给我毁了，还有什么想的呢？他是完了，“绝望”了。这个惨痛的袭击你们是不会领略得到的。家里死过很多人，甚至我亲爱的母亲，可是都没有今天这样叫人窒息得透不过气来。

可是，竹安弟，你别为我太难过。我知道我该怎么样子的（地）活着。当然人总是人，总不能不为这惨痛的死亡而伤心。我记得不知是谁说过：“活人可以在活人的心里死去，死人可以在活人的心中活着。”你觉得是吗？所以他是活着的，而且永远的（地）在我的心里。

现在我非常担心云儿，他将是我唯一的孩子，而且以后也不会再有。我想念他，但是我不能把他带在我身边，现在，在生活上我不能照顾他，连我自己我都不能照顾。你最近去看过他吧？他还好吧？我希望他健康，要祈祷有灵的话，我真想为他的健康祈祷了。最后我希望你常常告诉我云儿的消息，来信可交：万县两层桥地方法院廖荣震推士（事）转我（江竹）即可。他是我大学同学，感情上还算是一位好朋友，信没有问题，他是会给我转来，或者去拿的。东西可不能寄到他这儿来，待以后我有一定的地址后再寄来。

你愿照顾云儿的话，我很感激。我想你会常去看他的，我不希望他要吃好穿好，养成一个娇少年，我只希望你们能照顾他的病痛，最好是不要有病痛，若有就得尽一切力量给他治疗。重庆的医疗是方便的，这就是我不带他到乡下去的原因。

我真想去看看么（幺）姐，也可以混混这无聊的日子，但是又哪里那么容易。不过，要下周仍不安定的话，我就一定到么（幺）姐那儿玩几天去，我想该不会有什么问题吧，不过也不定去得成，只不过我在这儿想罢了。就此握别，愿

你好

竹姐　三、十九

“活人可以在活人的心里死去，死人可以在活人的心中活着。”彭咏梧的牺牲，像刀子在剜着她的心。在信中，她连他的名字、他为何而死都不能说。这些留下来的信件，又怎不是字字在滴着血呢？

1948年4月1日，江竹筠写给谭竹安的信，用的是通用股份有限公司的便笺横排写的。长期的地下工作习惯使然，即使用隐语写家信，她也时常更换地址、变换纸张。

竹安弟：

你三月廿四日的信我收到了，谢谢你。信给了我温馨，也给了我鼓励。我把它看了两次，的确我感到非常的愉快。

由于生活不定，心绪也就不安，脑海里常常苦恼着一些不必要的幻想。他，是越来越不能忘了。云儿也成了我时刻惦记的对象。我感谢你和其他的朋友，云儿是生龙活虎的，我知道他会这样。在你们的抚育之下，他是会健康而愉快的（地）成长的。可是，我不愿意他过多的（地）耗费你们的金钱和时间。吃得饱、穿得暖足

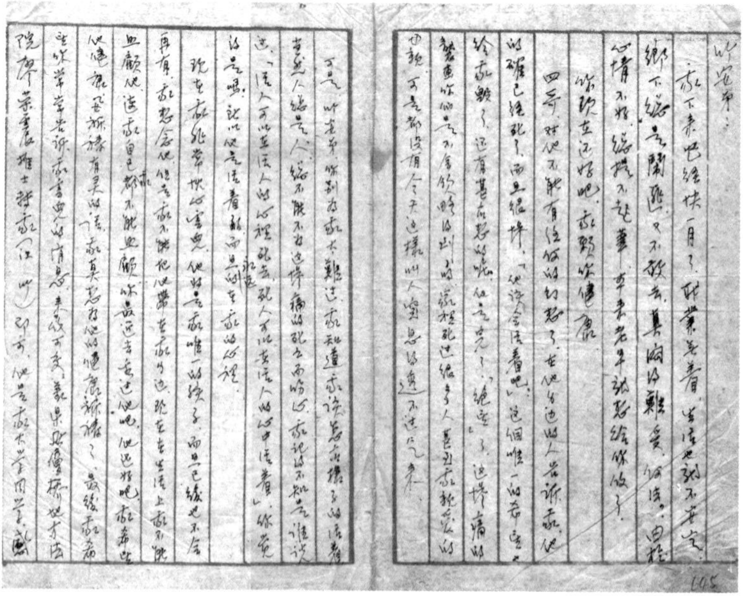

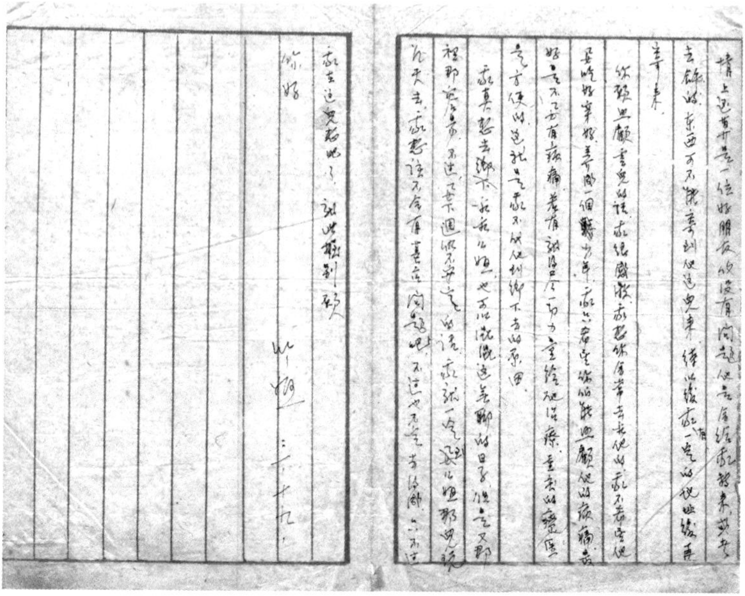

★ 江竹筠于 1948 年 3 月 19 日写给谭竹安的信。

也，可别娇养，但是得特别注意他的病痛，春天来了得严防脑膜炎。

么（幺）姐，也成了我不能忘记的人物，可是我能给她一些什么帮助呢？我想去看她，而且很想在春假里去，但是又有多大的好处啊？除了感情上大家得到一些安慰而外。而且，我的身子多病，恐怕在路上出毛病，所以去不去都叫我很难决定。要是陈援他们那个托儿所能够组成，么（幺）姐能在那儿帮帮忙的话，那是最理想的了。你和朋友们给她一些教育，她就会走上正路的，你说是吗？我知道她会像亲生的孩子一样的（地）爱云儿，就像我对炳忠一样，基于人类的真挚的爱是不能否认的，我尤其相信。更何况她的孩子的父亲也就是我的孩子的父亲呢？是吧！我答应给他们通信，但是我并没有写，我不知道该写些什么？！

四哥死后，家里的情况仍旧很好，但是由于闹匪的原因，家里人都很累很苦。你回家，我恐怕你吃不消，不过我可以问问，要家里人同意而且需要的话，我再告诉你，我想机会有的是。不过，你既然叫么（幺）姐来，你又要回家，这怎么好解呢？愿能考虑考虑！

重庆只有你给我通信，其他的没有，我也不要，因此通信处别给他们。

真的，我走时曾托李表兄来看你，他来过吗？

握别

你好

竹姐　1/4

孩子是娘的心头肉，当然时时让她牵挂不已。她依然叮嘱谭竹安，要注意孩子的健康，但千万不能娇养，“吃得饱、穿得暖足也”。

十

在形容革命者投身革命的语言体系里，人们常常会用到“抛头颅洒热血”这样的字眼。彭咏梧的一生，便是最真实、最悲怆、最决绝的“抛头颅洒热血”。为了革命，他献出了自己年轻的头颅；为了革命，他永别了自己的亲人；为了革命，他还一生背负内疚与歉意。

新中国成立后，彭咏梧的战友在红沙梁上找到了烈士的头骨，随后安葬在牛场梁宝塔附近；后来又在彭咏梧牺牲之地——鞍子山黑沟淌一带，找到了烈士的躯干遗骸。

1962年，奉节县委将彭咏梧烈士遗骸迁至县城北门坡烈士陵园，让彭咏梧烈士的身首合一，得以安息；1966年又在县城人民广场北面新建彭咏梧烈士陵园，并在1988年彭咏梧牺牲40周年之际，对陵园进行全面修缮，号召全县人民继承和发扬彭咏梧、江竹筠烈士的遗志，掀起了一场学习烈士精神的热潮。

彭咏梧烈士陵园占地两亩，28级石梯上高耸着黑色的大理石墓碑，上书“彭咏梧烈士之墓”七个闪闪发光的鎏金大字，墓前是彭咏梧的半身铜像。2004年12月，因修建三峡水电站，彭咏梧烈士墓随奉节县城搬迁。新的彭咏梧烈士墓在白帝城风景区落成，取名“咏梧园”。

1949年夏，川东游击纵队根据上级指示，停止武装斗争，分散隐蔽，化整为零，迎接解放。12月，正在董家坝隐蔽待命的川东游击纵队司令员赵唯接到命令，前往县城接管国民党云阳县政权，分散各处的川东游击队迅即向董家坝集结。而此时，距彭咏梧政委牺牲仅仅一年多时间。

新中国成立后，李承林的夫人曾琼英将那个装着彭咏梧血衣的皮箱转交给了谭正伦，后来谭正伦将皮箱捐献给了歌乐山革命纪念馆，作为烈士遗物展出。

从董家坝走出来的彭咏梧的表弟邱衍伦，新中国成立后当上了云阳县的县长。

进董家坝的路口处，挺立着一棵黄连树，树龄近400年，树干须五六人才能合抱，树冠亭亭如盖、直冲云霄，彭咏梧、江竹筠、赵唯、刘孟伉等革命者都在此树下留过足迹，据说当年赵唯还在树下拴过战马。

看到这棵树，我不禁想起川大校园里那棵皂荚树。两棵葱茏而沧桑的老树相隔千里，生长在两片相距遥远的天空下，但它们身上留着岁月的履痕，都在曾经的时空里与一个叫江竹筠的女子有过命运的际遇。

老树不言，革命永存。江竹筠离开董家坝的那条小路，正是从这棵树下，向远方延伸……

★ 董家坝的黄连树。

渣滓洞，黑暗与光明的变奏

长镣难锁钢铁心，
豪气如虹志凌云。
慷慨从容肝胆壮，
烈火熔炼显真金。

——歌剧《江姐》第六场伴唱唱词

一

重庆果然出了叛徒，而且竟然是川东临委委员兼重庆市工委书记刘国定和重庆市委副书记冉益智。

这两个人的叛变，给整个重庆地下党组织带来了极大的冲击，像推倒了多米诺骨牌，一连串的重庆地下党人遭到逮捕。

事情还得再从《挺进报》说起。

1948年3月的一天，国民党重庆绥靖公署主任、陆军上将朱绍良收到一张《挺进报》和一封警告信。《挺进报》挺进到重庆国民党最高长官的办公室来了，朱绍良感到后背有一股森森凉气，他立即命令公署二处少将处长兼侦防处处长徐远举尽快调查清楚此事。

特务们顺藤摸瓜，费了九牛二虎之力，终于找到了破绽，他们发现《挺进报》的一个发行点在文城出版社，负责秘密发行的是年轻的店员陈柏林。

徐远举让特务曾纪纲伪装成失业进步青年接近陈柏林，很快取得年龄小、斗争经验欠缺的陈柏林信任，借此打入《挺进报》内部。

1948年4月1日上午，陈柏林领着曾纪纲与自己的上级任达哉接头，蹲伏在四周的特务围拢过来，将他们当场抓捕。敌人用尽各种酷刑，陈柏林坚贞不屈，但经受不住酷刑的任达哉很快叛变，出卖了他的上级、市委工运书记许建业。

许建业旋即被捕，敌人酷刑拷打，他拒不投降，但特务从他住的宿舍床下搜到了18份地下党员自传。

随着线索越来越多，特务们根据掌握的名单潜伏各处“守株待兔”。

4月6日，刘国定到志成公司找许建业商量工作，一进门就被守在那里的特务控制了。

刘国定原名刘仲逸，其掩护身份是重庆南岸牛奶厂的会计主任，他1938年入党，1947年担任川东临委委员兼重庆市工委书记。在长期的地下工作中，刘国定身居党内高职，逐渐滋长了养尊处优的腐化思想，开始喜欢阔绰生活，讲起了排场。在敌人的刑具面前，刘国定当即叛变，当了软骨头。

4月8日，大批特务由刘国定领路，抓捕了几十个地下党干部。紧接着，重庆市委副书记冉益智被捕。被捕当晚，冉益智叛变。

很快，冉益智带领特务逮捕了刘国鋕和他的未婚妻曾紫霞。特务们最想破获的是关于川东游击队的党组织情况，冉益智把所知道的万县方面党组织情况全部出卖了。

千里之堤，毁于蚁穴。一个个漏洞，一连串叛变，使环环相扣的重庆地下党组织遭受了灭顶之灾。

旋即，国民党上校特务科科长雷天元命令冉益智带路，领着一帮特务，秘密前往万县。

特务们决定首先搜捕涂孝文。端午节那天，他们蹲守在长江边上，抓到了正在看龙舟比赛的涂孝文。特务们刚一用刑，涂孝文就变节了，他一下出卖了20多位同志。雷天元要涂孝文详细交代川东游击队的组织情况，涂孝文回答说，游击队的具体情况他不清楚，都是彭咏梧一手搞起来的，现在最了解游击队的只有他妻子江竹筠。雷天元忙问江竹筠在哪里，涂孝文说江竹筠改名“江志炜”，目前在万县地方法院做雇员，平时跟万县县委书记雷震联系比较多。

雷天元大喜：看来抓到江竹筠和雷震，整个川东游击队的情况就能破获了。他马上通过无线电台向徐远举报告了这一情况，徐远举指示他们不能有一人漏网。

而此时，雷震、江竹筠和李青林还不知晓涂孝文已经投敌，更不知道特务们已在万县布下了一张网。

雷震很快被捕，特务们对他酷刑审讯，他始终咬紧牙关，没有低头。特务们摸到万县郊区清泉乡，逮捕了毫无防备的李青林，但从李青林身上也没得到任何有用的信息。

6月13日晚上，江竹筠像往常一样回到法院，一看雷震没在，她心中掠过一丝不祥的预感。

如果此时果断离开万县，或许会逃脱一场劫难。夜里，江竹筠一直在进行着思想斗争，走，还是不走？如果走，就回到川大去，她之前办理的是休学手续，可以想办法复学。思来想去，她决定还是先不急着走，不能只顾自己，把有可能暴露的同志丢下不管。

天将拂晓，她急忙给一位川大同学写了一封信，说自己准备回川大继续学业，请他们帮助联系复学事宜。随后她到法院处理了几件紧要事务，还请廖荣震帮忙把信寄出去。中午时分，仍然没有雷震的消息，江竹筠越发觉得不妙，便去找李承林，让他给南岸工委书记唐虚谷紧急去信，把万县的异动情况传出去，让可能暴露的同志抓紧转移。

她低着头，沿路边迅速往前走，突然听到有人喊："江竹筠。"声音有些熟悉，但一时想不起是谁，她不敢回头，仍然急步朝前走，但那人又接着喊了好几声，并很快追了上来。

她抬头一看，喊她的竟是重庆市委副书记冉益智。江竹筠觉得事有蹊跷：他怎么突然到这里来了，还在大街上明目张胆喊自己的名字？便警觉地问："你怎么到这里来了？"

冉益智有些吞吞吐吐："哦……王璞书记让来的……"

在公开场合不提同志的真实姓名，是地下工作的纪律，王璞是川东临委书记，冉益智竟然在大街上直接说出这么重要的人物，这个冉益智一定有问题！她不再理冉益智，加快脚步往前走。哪知冉益智竟然跑上前伸手拦她，这时，不知从哪里又跑出几个人，围了过来……

江竹筠就这样被捕了。

她被推进一间黑屋子，过了一会儿，当适应了室内光线，她才慢慢看清楚，李青林和黄玉清已被关在这里。她顿时明白，不但冉益智叛变了，涂孝文可能也当了叛徒，因为只有她和涂孝文知道黄玉清的身份。

随后，国民党特务对这三个女同志进行了审讯。审讯李青林时，雷天元叫手下用刑逼她交代情况，李青林说她只是一个教书的，工作很忙，没有时间跟校外的人来往。雷天元气急败坏，令人把李青林架上老虎凳，一块一块地加砖，加到第三块砖时，只听见"咔嚓"一声，李青林的右腿被硬生生折断了，她顿时昏死过去。尽管如此，李青林仍未吐露一点党的秘密。

江竹筠、李青林、黄玉清三人都受尽了酷刑之苦，但始终不肯松口，没有向敌人屈服。

6月15日傍晚，江竹筠等12名同志被秘密押往重庆歌乐山渣滓洞监狱。

【中国共产党重庆历史大事记】1948年4月，因《挺进报》暴露，重庆市委负责人叛变，引起重庆和川东党组织连续发生重大破坏。年初《挺进报》改变发行方针，多次将报纸寄给重庆国民党要人，引起震动。特务从《挺进报》着手，加强侦捕工作。4月1日，工运干部任达哉被捕叛变，带领特务逮捕市委委员许建业。许坚贞不屈，但欲说服看守特务为其带信出狱，被特务出卖。特务守候许建业工作单位志成公司，于4月6日逮捕欲与许接头的市委书记刘国定。刘隐瞒市委书记身份，但出卖梁大达地区起义失败后转到重庆的邓兴鄷和李忠良，并由此引起一系列破坏。4月16日，市委副书记冉益智在北碚被捕后叛变，供出在押的刘国定身份。刘进一步叛变。刘、冉先后出卖了他们所知道的川东临委、重庆市委工委、上川东地工委、下川东地工委、川康特委，以及中共中央上海局领导机关和主要干部，并带领特务到万县、广安、上海、成都等地破坏党组织。在这一事件中，先后被捕的党员干部133人，其中重庆67人，上下川东41人，川康17人，宁沪8人，除宁沪8人外的125人中，被杀害的53人，下落不明（大部分牺牲）35人，获释、脱险25人，自首变节后仍被敌人杀害的4人，叛变投敌的8人，造成川东、川康和重庆地区党组织极为重大的损失。[①]

① 《中国共产党重庆历史大事记（1919～2006）》，中共重庆市委党史研究室编，重庆出版社，2014年12月出版，第103—104页。

二

歌乐山上的渣滓洞是一处三面环山的隐蔽所在，原为一个小煤窑，因渣多煤少而得名。

国民党把这里改建为监狱后，配有一个连武装看守，进出必须持有特别通行证，监狱外岗哨林立、电网密布，上下各有几处架着机枪的岗楼，互成掎角之势，封锁着整座监狱。

渣滓洞监狱有一整套残酷狠毒、惨无人道的刑讯手段，包括坐老虎凳、坐电椅、竹筷夹手指、竹签钉指甲、灌辣椒水等，一套刑讯下来，非死即残。很多意志薄弱者叛变，就是过不了酷刑这一关。

我曾多次到渣滓洞监狱旧址参观。

2020年11月，我又一次来到这里，不巧正赶上监狱旧址维修，暂停对外开放。当工作人员听说我为创作江竹筠纪实作品专程而来，破例让我进入参观。

这座不大的监狱保持着旧貌，一些负责维修的电工、木工、瓦工师傅在干活，我慢慢穿行在遍布脚手架的监狱里。

院子里有一个木制的篮球架和一个跷跷板，这是供囚犯们放风时使用的娱乐设施。当年，遍体鳞伤的难友们，只要身体稍微好转，都要在这里开展体育运动。内心光明的人，虽身陷于此，亦有无穷乐趣和希望。这里还有一个石碾槽，囚犯们吃的粮食要自己在这里舂碾。

渣滓洞监狱分为内外院，内院关押犯人，中间是一个放

★ 渣滓洞监狱岗楼。

风坝，进门处两间平房是女牢，对面两层牢房关押男犯人。外院是特务们办公的场所和审讯室。外院墙上写着“长官看不到想不到听不到做不到的，我们要替长官看到想到听到做到”等标语，这是在提醒国民党自己的人员；内院墙上写着“迷津无边，回头是岸，宁静忍耐，毋怨毋尤”等标语，无疑这是为“感化”狱中的共产党囚徒。

江竹筠、李青林等被投进了女一室，同室还有之前关进来的曾紫霞，江竹筠原来就与曾紫霞比较熟悉，没想到如今成了狱友。

江竹筠听说，刘国鋕和曾紫霞在狱中都很坚强，他俩受刑后，不但没有低沉气馁，还乐观地带头高唱苏联歌曲。敌人为防止难友们互相沟通消息，把刘国鋕转到了白公馆监狱。

曾紫霞在狱中见到江竹筠，却忍不住轻轻哭了起来，江竹筠安慰她：“紫霞，你很坚强，一定要坚信，我们会赢得胜利。”

徐远举对江竹筠、李青林这两个女“要犯”特别重视，指示要单独提审她们，希望能从她们身上打开缺口，一举抓获川东暴动地区的共产党人。

李青林被特务残忍地弄断了右腿，进入渣滓洞监狱后身体更加虚弱，但丧尽天良的特务还是对她进行了吊打，李青林一直咬紧牙关，连自己的共产党员身份也不承认。

特务开始提审江竹筠。

主审特务是组长张界，一开始他对江竹筠进行劝降，许

★ 渣滓洞监狱刑讯室。

诺只要交代了下川东暴动的组织，就会放过她，但无论张界说什么，江竹筠就是一言不发，一声不吭。

张界说，刘国定、涂孝文、冉益智这几个人都交代了，他们可都是共产党的大官。

江竹筠冷笑着回答："既然他们都招供了，那还有必要来审我吗？他们只是几条乱咬人的狗罢了。"

一看这招不灵，张界命令特务给江竹筠上刑。

特务们拿出一把四棱筷子，夹在江竹筠的手指间，紧握筷子两头，来回使劲碾夹。十指连心，钻心疼痛，一波波摧残让江竹筠痛不欲生，她慢慢失去了知觉。一旦加大力度就容易晕死过去，这样一来就无法审问了，这些特务就慢慢加劲，看到她痛得快要昏死的时候，就松一松力度，然后再慢慢使劲，这样反复折磨她，直到江竹筠十根手指皮开肉绽，又一次昏死过去。特务用凉水泼醒她，激醒过来的她待缓过一口气，便痛骂起来："你们可以整断我的手，杀我的头，但永远别想从我这里得到啥子组织……"

上老虎凳、灌辣椒水……酷刑用尽，江竹筠依然视死如归，敌人什么情报也没得到。

实在没了办法，特务们拉来叛徒涂孝文与江竹筠对质，面对奄奄一息却正义凛然的江竹筠，涂孝文感到自己是那么滑稽和可怜，他居然吞吞吐吐说不出话来。

黄昏时分，拖着沉重铁镣的江竹筠才被架回牢房。

女一室的牢门打开了，同室难友赶忙小心翼翼地将江竹筠抬到床上。几个姐妹细心地为她擦洗，由于她的脚生得细小，居然从上了锁的脚镣中脱了出来。

这个发现让大家很惊喜，从这天起，江竹筠几乎整天都盖着被子，外面的人都不知道她在床上时根本没有戴脚镣。当特务要进女牢时，室友们抢先一步把她的脚套进铁镣里，这样让她减少了很多痛苦。

难友们自发展开起慰问江竹筠的活动，有的拿出珍藏的罐头，有的拿出一小瓶鱼肝油，还有半个烧饼、半罐豆瓣酱，等等。这些原是平常生活中很普通的东西，但在难友们仅靠糠壳多、稗子多、沙子多的“三多饭”维持生存的黑牢里，却是最珍贵的慰问品。

而比慰问品更加珍贵的，是难友们给予江竹筠的鼓励和安慰。男牢的难友放风时，将一个个纸团秘密投进女一室。拆开纸团，上面是用竹签子蘸着红药水写的慰问语。

你——
暴风雨中的海燕，
迎接着黎明前的黑暗。
飞翔吧！
战斗吧！
你——
骄傲的海燕！

读着这些诗行，江竹筠激动得热泪盈眶，一股股暖流涌动在心头。

孙重是当年从渣滓洞大屠杀中脱险的革命志士，他曾亲身经历国民党酷刑之苦。忆及当年，孙重说：“渣滓洞的男女牢室不在一处，江竹筠具体受过多少刑我不清楚，但我可以肯定她不止一次受过酷刑。有一次，我看到江竹筠走路一瘸一拐，并且手指红肿，应该是刚受了老虎凳、夹手指之类的酷刑。”

江竹筠在狱中经历了无数次严刑拷打，连特务们都记不清已是第几次把她折磨得死去活来。看到酷刑用尽，对江竹筠还是没起到什么作用，特务们又想到一种非人的酷刑，他们找来一根粗绳子，将江竹筠反绑起来，然后再把她的两个大拇指绑上，一开始脚尖还能够着地，大拇指并不是很吃力。过了一会儿，特务们则把绳子吊在梁上，把她全身吊起来，所有的重量都集中在她的两根大拇指上，令她痛苦难当。江竹筠从昏死中醒来，口吐着血沫说：“你们用什么都摧毁不了一名共产党人的意志！”

一次，徐远举亲自上场审讯，仍然一无所获，只好发出无奈的叹息：“彭咏梧死了，这个女人也跟着死了！”

三

不久，监狱里关进来一批新难友，看来又有一些组织遭到了破坏。

坏消息接踵而来：1948年7月22日，许建业被押至大坪刑场公开杀害。9月，川东临委书记王璞领导的华蓥山游击队在敌人重重“围剿”下失败，王璞壮烈牺牲，他的头颅被敌人砍下，悬挂在槐树上“示众”。

江竹筠和难友们都沉浸在悲愤之中。

王璞夫人左绍英被关押进来，江竹筠看到左绍英，想起她和彭咏梧与王璞夫妇的情谊，想到敌人手段之残忍，一时极度悲伤。

彭咏梧、王璞都是伟男儿，都是大丈夫，都为革命身首分离，血淋淋的一幕让人不堪回想，江竹筠心中又涌起对丈夫的追思。

老战友陈作仪也被关了进来。陈作仪在云阳做过煤矿工人、记账员、教师等很多工作，曾和彭咏梧、刘子俊等一起领导云安盐场的党组织活动。

陈作仪被捕时，他的妻子林梅侠正怀有身孕。1949年1月，林梅侠生孩子的前几天，在街上发现自己被特务盯梢，她机警地跳上一辆人力车，迅速戴上帽子、披上大衣，掩盖住怀孕的身体，甩掉了特务跟踪。这时谭正伦已到重庆照顾彭云，林梅侠来到谭正伦那里，在她的照顾下生下了孩子。而陈作仪直到牺牲，也不知自己的孩子已经出生。

胡其芬是年龄稍长的女犯，曾做过邓颖超的秘书，之前是重庆妇女运动的领导人，她被捕后始终充满着乐观主义精神。渣滓洞监狱一共关着30多名女革命者，但没有一个人当叛徒。面对凶多吉少的未来，她们都活出了志气，活出了骨气。

监狱里能借阅一些书籍，江竹筠提议把姐妹们组织起来学习，大家喊出一个响亮的口号："活着干，死了算，活着出去还要干！"

特殊的革命斗争让江竹筠练成了特殊的记忆力，政治学习没有资料，她就把一些著作默写出来供大家学习，包括毛泽东的《新民主主义论》、刘少奇的《论共产党员的修养》

和《中国土地法大纲》等。学习使女牢的团结气氛更浓，大家的理论水平和政治素养也得到很大提升。

叛徒涂孝文居然也被关进了渣滓洞监狱。由于涂孝文后来良心发现，拒绝了国民党给他的上校专员任命，不再出卖组织，徐远举就把他和自己出卖的战友们关在一起。看到涂孝文，难友们双眼冒火，恨不得捶死这个败类。

江竹筠转念一想，涂孝文既然后悔了，从革命大局出发，为防止地下党组织遭到进一步破坏，应把涂孝文这样的动摇分子稳定下来。

有一天，罗广斌传信到女牢，说他们与涂孝文谈过话了，涂孝文表示十分痛苦后悔，意识到自己的软弱给革命带来了巨大破坏，愿接受任何处分。江竹筠传信说，大家一起帮助他，欢迎他改过，望他迷途知返，不再做亏心事。

江竹筠的一举一动都被难友们看在眼里，他们非常敬重这位品质高尚的女战士。1949年1月16日是彭咏梧牺牲一周年的祭日，难友何雪松代表大家给江竹筠写了一首诗《灵魂颂》：

你是丹娘的化身，
你是苏菲亚的精灵！
不，你就是你，
你是中华儿女革命的典型。
你又戴着镣铐回来了，
毒刑仍没有屈服你的坚贞。
多少战友，
因你的坚贞而安全了；

革命工作，
因你的坚贞而更展开飞腾。

你是丹娘的化身，
你是苏菲亚的精灵！
你是受着考验的灵魂。
叛徒见你而战栗，
敌人见你而震惊。
你今天的事迹，
将化为美的旋律，
成为千万人歌颂的声音。

夜里，江竹筠追忆着丈夫彭咏梧，思念着亲人，盼望胜利早日到来。

不久，传来了令人振奋的消息，国民党军队兵败如山倒，蒋介石只好做样子辞去总统职务，代总统李宗仁要求与共产党和谈。正好快要过春节了，难友们迅速联络，决定组织一次狱中春节大联欢。

那几天，一张张秘密联络的纸条，通过女牢传到各囚室。难友们开始拟写各种春联，赶制相互赠送的礼品，有的用香烟纸盒制出贺年卡，有的在罐头广告纸上写贺词。

1949年是农历己丑牛年，正月初一到了。天才刚亮，男牢里就响起嘹亮的《国际歌》，随即全体难友都高歌起来，唱了一遍又一遍。

午饭后，看守所李磊、徐贵林等头头回家吃团圆饭去

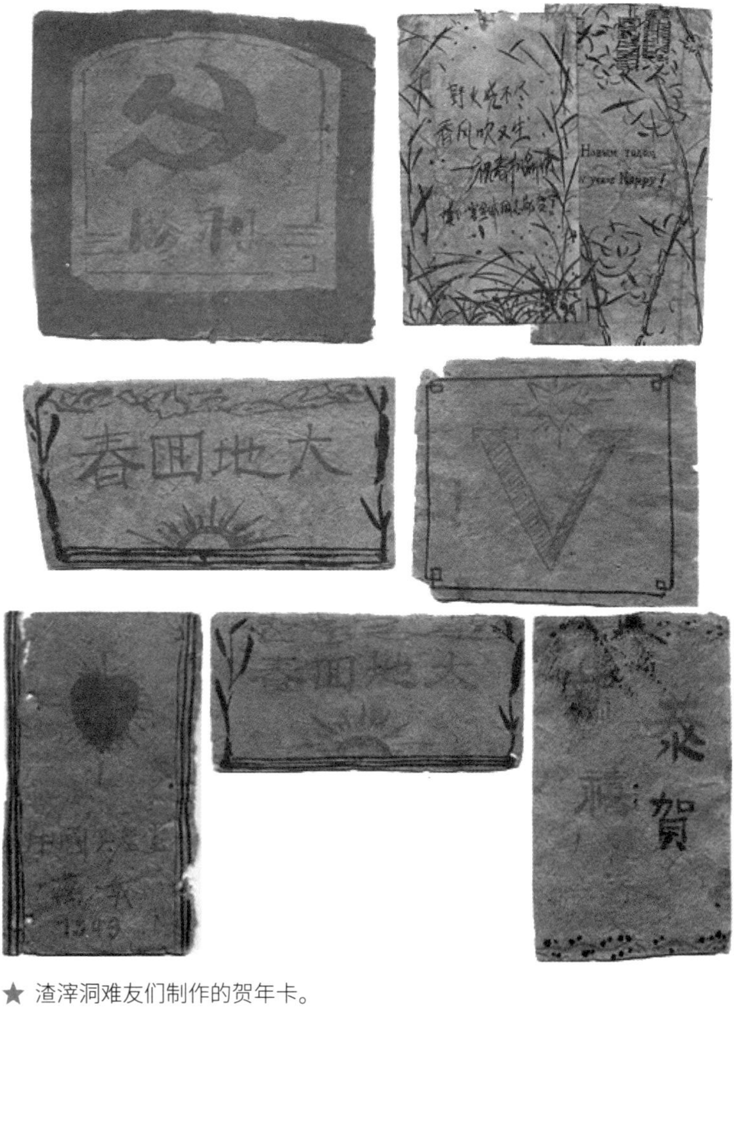

★ 渣滓洞难友们制作的贺年卡。

了，监狱里当班的是少尉看守黄茂才。几个女狱友大胆地向黄茂才提出："黄值日官，今天大年初一，请你行个方便，让我们在放风坝里多放会风，我们要开联欢会。"

黄茂才答应了大家的请求。

台阶上坐满了人，楼上的人围在栏杆边上，下边的院坝成为表演区。

开场节目是男牢难友们表演的"空心筋斗"，筋斗一个接一个，从院坝这边翻到院坝那头。紧接着男牢表演起了一层又一层的"叠罗汉"，位于最上面的难友手执自制的红旗挥舞着……

"正月里来呀是新春，赶上那猪羊出呀了门……"唱着欢快的歌声，踏着轻盈的舞步，女难友登场了。江竹筠、曾紫霞围了一条鲜红的围巾，跟着大家跳舞，场面十分热闹。

高墙的岗楼上架着子弹上膛的机枪，监狱大门外也增加了岗哨，但难友们却没有一丝胆怯的神色。

一会儿，楼上的难友朗诵起《共产党宣言》：

……

过去的一切运动都是少数人的或者为少数人谋利益的运动。无产阶级的运动是绝大多数人的、为绝大多数人谋利益的独立的运动。无产阶级，现今社会的最下层，如果不炸毁构成官方社会的整个上层，就不能抬起头来，挺起胸来。

……

共产党人不屑于隐瞒自己的观点和意图。他们公开宣布：他们的目的只有用暴力推翻全部现存的社会制度才能达到。让统治阶级在共产主义革命面前发抖吧。无产者在这个革命中失去的只是锁链。他们获得的将是整个世界。

全世界无产者，联合起来！

谁会想到，这磅礴铿锵、气吞天地的马克思主义经典原文，此时此刻竟回响在镇压共产党人的监牢之中？这充满智慧和力量的语言，有着火一般的激情、诗一般的韵味、铁一般的逻辑，闪射着夺目的真理光芒。很多声音顿时汇入朗诵，一股思想的洪流，奔涌在这个新年，激发着狱中革命者空前的战斗豪情。

四

江竹筠和大家决定暗暗进行策反敌特的工作。通过春节联欢会，她们把目光投向了看守所的三号人物黄茂才。

黄茂才之前在成都绥靖公署工作，既不是老牌特务，又不是重庆敌特亲信。黄茂才的老家距江竹筠和曾紫霞的老家都不远，一天放风时，江竹筠和曾紫霞趁机跟黄茂才拉老乡关系。黄茂才一听是老乡，对她们态度好了很多。曾紫霞拿出一封普通的信，请黄茂才帮助转寄给狱外的亲朋，黄茂才答应了。

不久，黄茂才带出去的信有了回音，试探的结果让江竹筠和曾紫霞很高兴。

过了些日子，江竹筠寻了个机会与黄茂才交谈，对他讲起了当前的形势。

江竹筠说：“国民党注定要垮台，你该为人民做些好事，否则你的罪责唧个清除得了？”

黄茂才有些担心地说：“不晓得像我这种身份的人，你们共产党是不是能网开一面？”

江竹筠趁机向他讲党的政策：“连涂孝文这样的人，大家都不再排斥他了，只要你真心为大家做事，共产党是不会忘记你的。”

就这样，黄茂才被渐渐争取了过来。

罗广斌入狱后，他的哥哥、国民党第十五兵团中将司令罗广文，曾让父亲罗宇涵到狱中劝弟弟悔过，但罗广斌去意已决，他说自己决不会写悔过书，如果有什么不幸，就让父母当没生过他这个儿子。

率性的气质，特殊的家庭，也塑造了罗广斌无所顾忌的性格，在牢房里，他总是鼓励难友们同特务作斗争，还大着胆子互相递纸条、传消息，经常带头“闹事”，公开抗议特务打人。看守长徐贵林早对罗广斌看不顺眼，但顾及罗广文的关系，他也不能把罗广斌怎么样，时间长了，他就私下交代看守们找机会给罗广斌“一点颜色看看”。

一天，轮到黄茂才值班，罗广斌又传递起了纸条，不巧被看守班长俞德新发现了，俞德新要去向徐贵林汇报，黄茂才把俞德新拉到一边：“你打算咋办？”

俞德新说：“报告徐看守长呀，他打了招呼的，正好收拾一下这小子。”

黄茂才说："你嘟个没脑子，你想想，如果罗广斌吃了亏，他姓罗的不恨死你？万一今后被他哥哥弄出去了，告你一状，你连小命都不知是怎么丢的。"

俞德新一听，连连点头："是这个道理，那放他一马算了。"

罗广斌躲过了这一劫。

江竹筠知道这件事后，觉得黄茂才比较可靠，就和李青林、胡其芬、曾紫霞商量，看能否通过黄茂才与狱外党组织取得联系。

于是，曾紫霞写了一封信交给黄茂才，请他交给重庆大学医学院的况淑华。曾紫霞与况淑华曾一同参加"反饥饿、反内战、反迫害"运动，只要与她联系上，就能够与党组织取得联系。

星期天进城时，黄茂才找到了况淑华并转交了信件，况淑华立即向党小组长刘康作了汇报。黄茂才再次进城联络时，况淑华把回信交给了他，信中暗示党组织已了解狱中同志的情况，会设法营救他们。

黄茂才不断向狱中难友传递来自解放战场的好消息，极大地鼓舞了难友们的斗志。不久曾紫霞被释放出狱，黄茂才从她那里带回了彭云的照片。看着胖乎乎的小彭云，江竹筠泪流满面。

在重庆红岩革命历史博物馆的档案室，工作人员为我打开了江竹筠烈士的档案，在这本红色档案里，有一份看守黄茂才亲笔写下的证明材料：

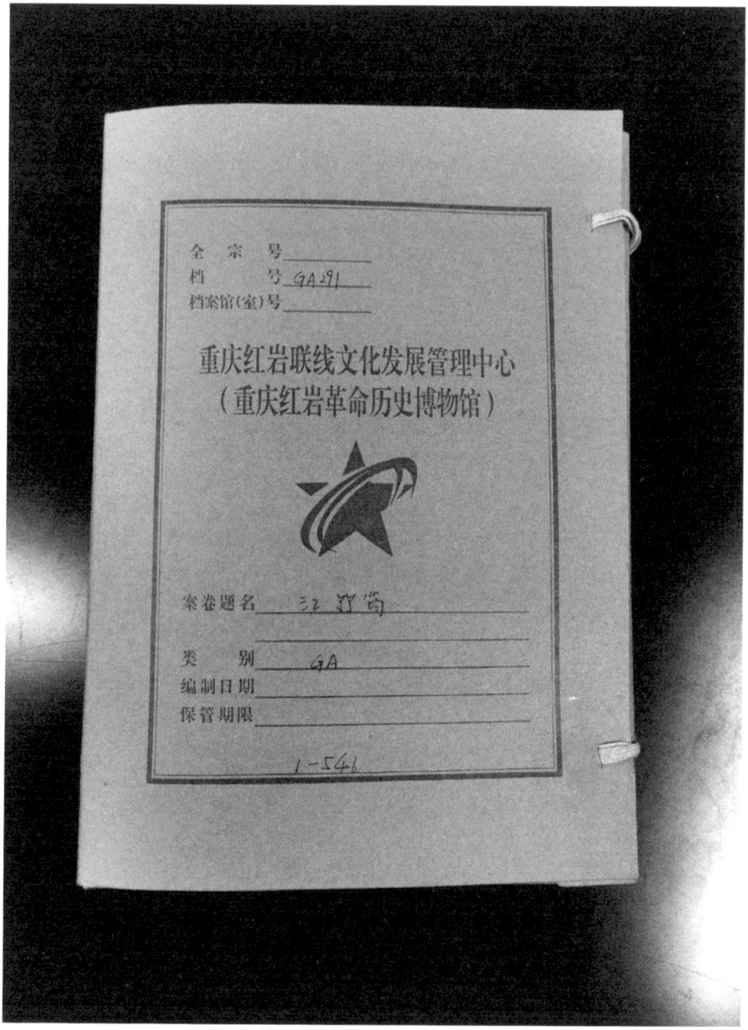
全宗号
档号 GA291
档案馆(室)号
重庆红岩联线文化发展管理中心
（重庆红岩革命历史博物馆）
案卷题名
类别 GA
编制日期
保管期限
1-546

★ 江竹筠档案。

在看守所时，女室的江竹筠、李青林等积极领导女室活动，我记得楼下五室新四军战士死了，他（她）们积极要求办追悼会，并且每个人头上都戴白花纪念死者，又在1949年旧历年时，他（她）们在办快乐会时，就唱共产党解放区歌曲，同时他（她）们与男室在过节时互赠礼物，就是以镰刀斧头和平鸽子这些符号来送礼。

黄茂才（签名）1966.9.21

1949年初秋，人民解放军已经逼近西南。

国民党反动派仍作垂死挣扎，疯狂杀害革命志士。

江竹筠清楚敌人的残暴本性，知道敌人很快会下毒手，与李青林、胡其芬一面加紧同狱外党组织联络，一面与男牢的陈作仪、何雪松等同志商量，开始谋求越狱之策。

江竹筠、渣滓洞警卫连连长邬治声与黄茂才关系很好，他曾向黄茂才透露自己对国民党的不满以及对前途的担忧。江竹筠等人得知这一情况后，决定由黄茂才去策反邬治声起义。

于是黄茂才就去试探邬治声，把囚犯们的行动计划告诉了他，邬治声虽没明确表态，但已有点心动了。黄茂才和同志们静观动向，准备进一步做邬治声的工作，没想到在这个节骨眼上邬治声突然被调到西南长官公署警卫团去了。

不久，传来了新中国于10月1日成立的特大喜讯，难友们雀跃欢呼，暂时顾不上越狱行动，都在翘首盼望黎明的到来。

10月下旬，黄茂才接到了母亲病重的消息，请假回老家荣县看望母亲去了。

没料到，他刚一离开渣滓洞，大屠杀就开始了。

10月27日深夜，敌人借故要提审犯人，从白公馆提出陈然和王朴，又从渣滓洞提出梁垫特支书记蓝蒂裕、华蓥山游击队挺进大队长楼阅强、重庆地下党电台特支宣传委员成善谋、川康特委委员华健、万县县委书记雷震，以及曾经变节的涂孝文等人，于次日上午在大坪刑场将他们杀害。

屠杀还在继续。1949年11月14日上午9时，一群武装特务来势汹汹，直扑各个牢房。

“江竹筠，李青林，收拾行李，马上转移！”

听见自己的名字，江竹筠不慌不忙，慢慢脱下囚衣，换上阴丹士林布旗袍，外面罩上红色毛衣，整理好仪容，上前搀扶着李青林，向难友们点头告别，坚定从容地跨出了牢门。

电台岚垭曾是“中美合作所”的电台所在地，电台迁移后，这里只剩几幢废弃的平房，周围一片荒凉。敌人提前在废墟上挖了一个大坑，准备在此杀害一众志士。

行刑前，国民党下发了关于“密裁匪谍三十名”的“极机密急件”，特务们奉命“用手枪予以击毙”。

江竹筠、杨虞裳、唐虚谷、李青林等30位难友被逐一捆绑着，由刽子手押着徒步走向电台岚垭。为革命献身的时刻到来，难友们一起高声呼喊：“中国共产党万岁！打倒反动派！”

随着特务们扳动手枪，革命战士们光荣而伟大的一生就此落下帷幕。

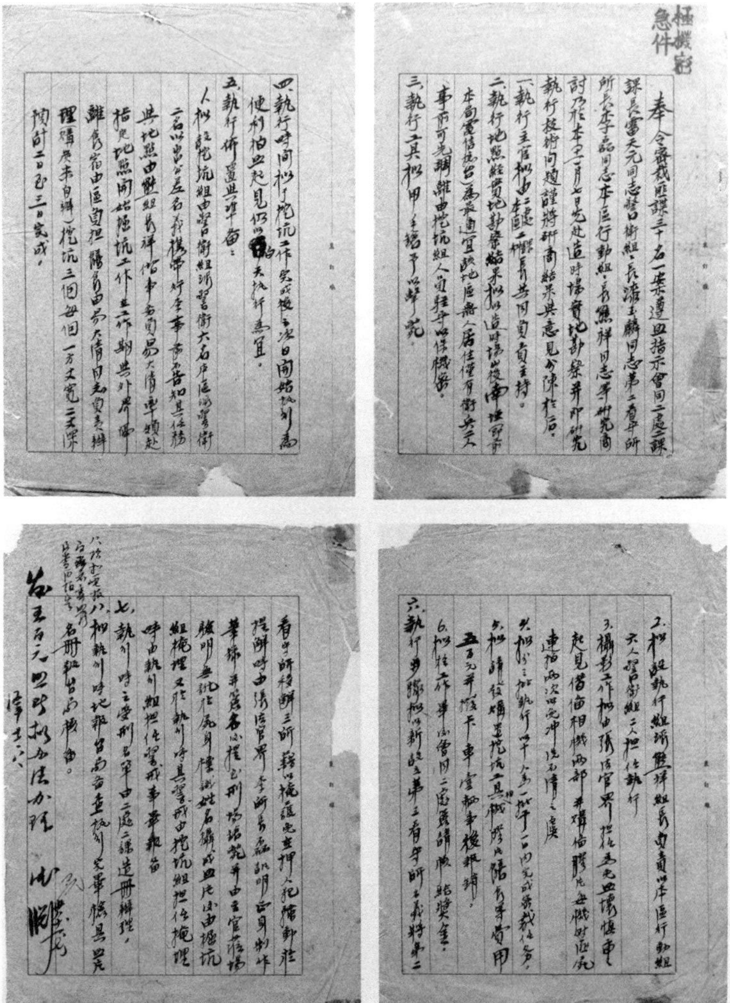

★ 特务杀害江竹筠等三十名烈士的计划。

站在关押江竹筠的这间囚室，我陷入久久的沉思。

泥巴地板，泥坯牢墙，木质门窗，昏黄的灯光，腐旧的气息……这里曾囚禁着一个个追求自由的生命，禁锢着一颗颗跳动的红心。江竹筠和难友们睡的是干稻草，吃的是沙子饭，但她们口中吐露的却是人类最伟大的理想，她们眼里闪烁着最纯洁高尚的真理之光。

时光远走，物是人非，斑驳的光晕照着飞舞的尘埃，一个个衣衫褴褛的沉默身影仿佛从我眼前走过，我似乎听到了脚镣划过地板的哗哗声响，以及她们轻轻的呻吟，还有她们的告白，她们的追问，她们的长歌……

听说，阎肃先生为创作歌剧《江姐》，曾专门来到这间囚室体验生活，他让工作人员给他戴上手铐脚镣，把自己关在这里住了好几天，从这间屋子出来后，阎肃瘦了一整圈，但他灵感迸发、思如泉涌，很快写出了传唱至今的经典唱段。

当我又一次从这间屋子走出来，也仿佛觉得脚步变得沉重，想说点什么一时却难以开口。我不知道，我的笔触能否还原那个峥嵘岁月里的江竹筠，我又似乎看到了她眼中的光亮，那道光亮真实呈现了一个七十多年前的革命女性，一点也不虚幻。

五

今天，人们到江竹筠住的那个牢房缅怀，会看到用玻璃盖罩着的一段地道。地道内曾挖出一堆锈蚀铁器，这些物品来头不小，也说明当年狱中难友曾积极研究另一种越狱的办法。

这堆铁器的出土，还得从2007年7月17日一场强暴雨说起。那几天，重庆迎来连日大雨，歌乐山麓的渣滓洞监狱纪念馆遭遇暴雨袭击，许多牢房出现不同程度的损坏，于是上级部门决定对纪念场馆进行紧急修葺。工人们来到江竹筠住过的那间女牢房，准备使用夯土机夯实地面，只听见轰隆一声，夯土机竟然在地面上砸出一个大洞，而这个意外发现的大洞，背后隐藏着一段往事。

原来，第一套越狱方案失败，大家不愿放弃，立刻启动第二套方案，那便是“里应外合”，实施武装越狱。狱中同志收到外面组织的消息后，立刻着手越狱之事。

既然要越狱，最重要的就是越狱工具。于是难友们就利用每天早上8:30和晚上6:30的放风时间寻找工具。很快，江竹筠等人就发现了渣滓洞各处散落着一些废弃的门窗，她们在放风时偷偷从门窗上拆下了钉子、门闩等锐器，放进衣服里，再统一交给其中一位成员。

放风回来，经过牢门守卫时，大家就故意制造混乱，让带着锐器的同志躲过搜查。待夜幕降临，派出一位同志在门边放风，其余人则在房间内用锐器挖洞，当天晚上挖出来的土，分别装在大家的衣兜里，等第二天放风时带出牢房，找不显眼的地方撒掉。

就这样，江竹筠和难友们一起，成功挖出了一个地洞，并在地洞里藏下她们所有的逃生工具。

11月14日，江竹筠等被害，越狱的策划工作转到胡其芬手中。18日，她向监狱外的党组织送去了一份越狱报告。但是，就在同志们苦苦等待监狱外面的党组织营救时，敌人在27日晚上突然将所有关押人员集中在渣滓洞院内，用机枪无情扫射，并泼汽油将整个监狱烧掉。

维修渣滓洞的工人们意外挖到的大洞，正是当年江竹筠她们历经艰难挖的逃生之路，这里面，还放着七枚铁钉、三枚门闩、一枚插销、一块条石和一些瓷器碎片，这些工具既可以撬开门锁，也可以砸开脚镣。然而，它们却没有等到发挥作用的那一天。

【中国共产党重庆历史大事记】1949年11月27日，国民党特务在歌乐山集中营进行疯狂大屠杀，关押在白公馆、渣滓洞等监狱中的近200名中共党员、革命志士被杀害。此前，根据蒋介石的命令，国民党特务从9月开始分批屠杀被关押的共产党员和进步人士。9月6日，著名爱国将领杨虎城及秘书宋绮云等6人被杀害于松林坡。10月28日，陈然、王朴、成善谋等10人被杀害于大坪刑场。11月14日，江竹筠、李青林、齐亮等30人被枪杀于电台岚垭。11月29日，城区“新世界”临时看守所中的32人被押至松林坡杀害。前后被杀害的共300多人，仅有35人脱险幸存。①

①《中国共产党重庆历史大事记（1919～2006）》，中共重庆市委党史研究室编，重庆出版社，2014年12月出版，第113—114页。

英烈从何而来

赴汤蹈火自情愿，
早把生死置等闲，
一生战斗为革命，
不觉辛苦只觉甜！

——歌剧《江姐》第六场江姐唱词

一

红岩不仅是一个地理概念，更是一个精神坐标。从地理概念来说，红岩是重庆红岩嘴13号、曾家岩50号、虎头岩村86号的总称，而这三处分别是中共中央南方局机关、周公馆、《新华日报》总馆的所在地。对当时活跃在国统区的进步人士来说，红岩成了中国共产党在国统区的代号。在当时，红岩就象征着中国共产党。

回望那段艰苦卓绝、浴血奋斗的历史，中共中央南方局无疑是一个神奇的存在。

1939年1月16日，以周恩来为书记的中共中央南方局在重庆正式成立，其职责是领导四川、贵州、云南、广西、广东、湖南、湖北、江西、江苏、香港、澳门和东南亚等地党的工作。中共中央南方局为维护国共合作抗战局面，阻止国民党顽固派妥协、倒退、投降，组织和动员国统区人民参加抗战、争取民主，巩固和扩大抗日民族统一战线提供了强大的组织保障。

1941年底，周恩来主持南方局会议，要求把西南的党组织建设成为更加坚强、更能战斗的党组织，使党员成为隐蔽的、坚强得力的、与群众有联系的、善于影响和推动群众的骨干力量，并采取多种形式对党员进行教育。

南方局领导和影响下的一大批共产党人和革命志士，对理想信念有着坚定的追求，把天下兴亡担在肩上，愿为革命奉献自己的全部力量，甚至不惜牺牲生命。中共川康特委书记罗世文被捕后，拒绝国民党高官厚禄的诱惑，从容就义前给党写下最后留言："据说将押往南京，也许凶多吉少！决面对一切困难，高扬我们的旗帜！"中共鄂西特委书记何功伟在狱中铮铮铁骨，牺牲前慷慨表示："我热血似潮水的奔腾，心志似铁石的坚贞，我只要一息尚存，誓为保卫真理而抗争。"还有彭咏梧、许晓轩、刘国鋕、江竹筠、李青林、陈然等一大批信仰坚定的革命者，就是在这个红色熔炉锻造的英烈，他们临难毋苟免、以身殉真理，骨头比钢还硬。他们在国民政府战时首都重庆的险恶环境里，坚持为争取民族独立和人民解放而进行伟大的斗争，

★ 中共中央南方局。

★ 周公馆。

★《新华日报》总馆。

孕育形成了蕴含崇高思想境界、坚定理想信念、巨大人格力量、浩然革命正气的红岩精神。在中国共产党馨香流溢的革命精神花丛中，红岩精神是独特的一束。皖南事变后，周恩来鼓励坚守重庆的南方局人员："只要大家坚守信念，不顾艰难向前奋斗，并且在黑暗中显示英勇卓绝的战斗精神，胜利是会到来的。"正是凭借坚定的理想信念，红岩人在特殊环境中经受住了诱惑，经受住了生与死的严峻考验。这份坚如磐石的理想信念，不仅是红岩人的信仰底色，还是他们不懈奋斗的力量源泉。

1948年4月，国民党特务以破坏《挺进报》为突破口，抓捕了135人，共产党在重庆的地下组织几乎全被破坏。这次中共地下党组织遭受的重大损失，客观上是由于《挺进报》的冒进，但最大的原因还是来自叛徒的出卖。徐远举曾在交代材料中说："此次中共地下党组织遭到破坏，主要是叛徒出卖，否则我是一筹莫展的。"刘国定叛变后，带着特务赴上海、南京一带诱捕共产党员，之后又成为川西特侦组组长，开始破坏中共成都地下组织。冉益智被任命为中校专员后，穿着国民党别动队军服，到处耀武扬威，挖空心思出卖中共组织，效劳国民党。这两个重庆市委主要领导人的叛变投敌，不仅造成大批共产党员的被捕，而且在党内包括狱中革命志士心上投下了深深的阴影。

与这些投敌者形成鲜明对比的，是到了危急关头仍不改初心的共产主义战士。在渣滓洞监狱中，曾有一场总结经验教训的"大讨论"秘密展开。罗广斌和他以前的领导张国维同处一室，他谨记张国维的叮嘱，时刻注意搜集情况、征求意见、总结经验，盼有朝一日能活着出去向党汇报。为便于讨论进行，江竹筠口头拟了一份讨论大纲，内容包括“被捕前的总结”、“被捕后的案情应付”和“狱中的学习”。1949年2月，罗广斌被转押到白公馆，他与刘国鋕、王朴、陈然等多次进行深入讨论，且继续利用放风等机会和大家交流，使得最终形成的狱中意见代表了两所监狱的革命战士们的集体意见，如实反映了当时地下斗争、监狱斗争的情况。

大屠杀的阴云还未散去，趁敌人疏于看守之际，罗广斌和十多位狱友冒死冲出了白公馆，随即凭借记忆整理出狱中难友们的意见，写成《关于重庆组织破坏经过和狱中情形的报告》，上报给中共重庆市委。

该报告的精华是著名的“狱中八条”，即：

一、防止领导成员腐化；

二、加强党内教育和实际斗争的锻炼；

三、不要理想主义，对上级也不要迷信；

四、注意路线问题，不要从右跳到“左”；

五、切勿轻视敌人；

六、重视党员特别是领导干部的经济、恋爱和生活作风问题；

七、严格进行整党整风；

八、惩办叛徒特务。

这一句句谆谆嘱托，体现了狱中战士的绝对、纯粹忠诚，也是中国共产党自我净化、自我完善、自我革新、自我

★《关于重庆组织破坏经过和狱中情形的报告》(部分)。

提高的警示录，在七十多年后的今天，似乎仍具有较强的现实意义。

二

我到渣滓洞采访那天，正好赶上红岩革命故事展演，遇到了展演的组织者陈波，他也是这个展演的编导，还是一位退伍军人。陈波介绍，为高标准高质量推动党史学习教育扎实开展，红岩联线文化发展管理中心倾力打造了一堂独特的红岩党史学习教育课，即红岩革命故事展演。展演自2020年9月开始演出以来，先后走进机关、企事业单位、军营、高校、中小学、社区，演出共147场，现场观众超6万人次，网络点击播放量超150万，赢得社会各界一致好评，取得很好的党史教育效果和社会效益。

在歌乐山下那个简陋的小剧场，我含着泪看完了由红岩联线文化发展管理中心的干部职工自己参演的这场特殊演出，而演出的第七部分讲的就是江竹筠在渣滓洞监狱中受尽酷刑仍坚拒特务威逼利诱、坚定革命意志、坚守共产主义信念，最终从容就义的故事……

2020年9月29日，为纪念江竹筠烈士100周年诞辰，由重庆红岩联线文化发展管理中心、四川大学、中共自贡市大安区委员会联合主办的“中华儿女革命的典型——江竹筠烈士生平事迹展”在重庆沙坪坝区红岩魂广场开展。

我再次来到红岩魂广场，静静走在展览现场，看到很多学生、情侣、老人都在仔细参观展览。今天，手机作为移动互联网终端，使我们仿佛变成“永久在线”，据说连那些拥有世界上“最伟大的头脑”的科学家、计算机专家、工程师和思想者，都普遍感到困惑：到底是我们在使用互联网，还是互联网在支配着我们？当我看到还有这么多学生和年轻人来这里看江竹筠的展览，他们都没有高声说话，没有频频拿着手机拍照，我欣慰于此，也看到了更加美好的未来。

一位专程从泸州赶来的老人，瞻仰着江竹筠的照片，眼里噙着泪水。他对我说，当年他的叔叔就是和江竹筠一起战斗的烈士。

自贡是江竹筠诞生、成长的地方；四川大学是江竹筠学习、接受淬炼的地方；重庆是江竹筠战斗、就义的地方。为写好江竹筠，我一一走过这些地方，沿着她29年的生命轨迹去采访追寻，看到了那绵延不绝的精神之力。

这次展览启动仪式上，江竹筠烈士唯一的孙子彭壮壮表示，作为烈士的后人，看到奶奶的事迹被纪念，她的精神被传承，无论自己走到多远的远方，他都为出生于这个红色家庭而自豪，都会在心中一直铭记奶奶和她的精神故乡。他动情地说道：“20年前，我第一次回到重庆，第一次来到这个广场，顺着长长的石阶而上，仰望巍峨的烈士群像——从那时起，无论人身在家乡还是万里之外，这里都是我心中永远的圣地。”

三

江竹筠认识何理立那年才12岁，何理立当时叫何淑富，与江竹筠一同跳级，又同坐在第一排，两个人成了须臾难离

★ 晚年的何理立与仲秋元。

的好朋友。后来两人又一起上中学、入党、参加革命，成了最知心的闺密和革命战友。那样的时代，造就了这样有着共同追求和高贵信仰的人。

何理立的丈夫仲秋元，跟随邹韬奋先生，走上了抗日救亡的革命道路。1939年，仲秋元从生活书店兰州分店撤退到重庆，后成为重庆三联书店第一任经理。在重庆，仲秋元秘密加入中国共产党，入党介绍人就是彭咏梧。1945年，仲秋元与何理立在重庆结为夫妻，生活书店的同仁送给他们一套烫金的《资本论》作为结婚礼物。1947年6月1日，仲秋元被国民党逮捕，与江竹筠等一起被关押在渣滓洞监狱。由于他的共产党员身份没有暴露，1949年3月他被民盟中央营救出狱。彭咏梧和江竹筠、仲秋元和何理立这两对革命夫妻，结下的是何等珍贵的革命友谊。

彭咏梧33岁牺牲，江竹筠29岁牺牲，他们正值人生芳华，却倒在了胜利的前夜。仲秋元、何理立是幸运的，他们迎来了革命胜利。两对夫妻的革命情缘没有中断——2005年，彭咏梧、江竹筠的孙子彭壮壮与仲秋元、何理立的孙女仲琦结为夫妻。两家人情系四代。

2020年的中秋节和国庆节是同一天，巧的是，这一天也是仲秋元的百寿诞辰。2021年，伟大的中国共产党迎来了建党一百周年，经历了百年风雨的仲秋元、何理立两位老人，替江竹筠等千千万万革命战士看到了今天的美好局面。

新时代，如您所愿！

后记

她依然活在珍贵的人间

2020年春，国防大学军事文化学院侯健飞教授作为“人民英雄：国家记忆文库”的策划人之一，邀请我参加“文库”创作，当我看到列出的英雄人物名单时，毫不犹豫选了江竹筠。

江竹筠是中国家喻户晓的英雄，江姐是一个广为人知的艺术形象，关于她的纪实文学作品有很多。正因为这一点，采写这个人物有很大难度，难以“鲜为人知”。而我毅然决然要写江竹筠，则是因为我的故乡——重庆云阳，那是一片深情的土地。江竹筠的丈夫彭咏梧烈士是我们重庆云阳人，我从小就听到很多他们在云阳从事革命活动的故事，因此无论困难多大，那种写作的冲动依然在心底澎湃。

历史值得重温，英雄必须缅怀。今天，当英烈的身影和故事渐行渐远，需要我们再一次怀着崇敬之心，去打捞记忆之河深处的那些感人故事，即使是一个瞬间、一张纸片、一句话。

2020年8月，我开始写作前的采访工作。我的老师吴友安大校是自贡人，他专程陪我去自贡大安江竹筠故居采访。从自贡到成都、重庆、云阳，沿着江竹筠当年的革命道路一路走来，我采访到了很多人，听到了很多含泪的讲述，看到了很多故址和文物，一个洋溢着青春理想、怀揣坚定信念、满腔大义凛然的江竹筠，逐渐从血雨腥风的历史深处走来，也从我的笔下走了出来。

当然，时间毕竟已久远，今天对于革命时期英雄人物的写作，能够采访到的当事人十分有限，我的写作必须求助于大量的历史资料和纪实作品。这些资料中，给我帮助最大的是已故作家丁少颖所著《红岩恋——江姐家传》。丁少颖老师当年带着“相信命运给世间想做某种事情的人从来预备着某种机缘”这样一种执念，采访到了数十位散布各地的与江竹筠有关的亲友和当事人，为我们留下了十分难得和珍贵的第一手资料，向他深深致谢致敬！

由于史料庞杂，或因受访者记忆有误，不少细节需要认真甄别印证，比如江竹筠给谭竹安写的那封绝笔信，很多资料说是由看守黄茂才带出牢房转交的，我通过多方资料印证，最后采信了丁少颖老师书中的记述，即那封信实际上是由获得释放的曾紫霞偷偷带出转交的。让我感到欣慰的是，通过进一步实地采访和考证，我也更正了丁少颖老师作品以及其他一些资料中的漏误。

感谢在本书写作中给予我大力支持的重庆红岩联线文化发展管理中心党委书记朱军同志、自贡市政协副秘书长宋皋同志、云阳县委副书记丁笙洺同志、云阳县委宣传部长王启海同志、四川大学江姐纪念馆馆长毕玉同志、自贡市大安区文物保护管理所所长陈于怀同志、自贡市大安区江姐村党委副书记陈仲良同志。感谢对我的采访给予帮助的丁盟宗、颜启才、曾庆云、张守刚、程贤富、周爽、朱俊贤、解昌盛、侯伟伟、张勇军等朋友。在大家的支持和帮助下，我查阅到了很多难得一见的历史档案和文物，采访到了曾协助谭正伦抚养江竹筠遗孤的李玉珍等重要人物。感谢中国青年出版社的领导和编辑人员为本书付出的努力。本书部分章节被《解放军报》《青年文学》《散文·海外版》选载，在此一并致谢。

我特别要感谢彭咏梧、江竹筠烈士的孙子彭壮壮先生，他工作很忙，但仍然接受了我的电话采访，并为我提供了珍贵资料，从而使此书更加真实可信。

天地英雄气，千秋尚凛然。江竹筠，永远活在人们心中！

我想起海子的诗歌《活在珍贵的人间》："活在这珍贵的人间/人类和植物一样幸福/爱情和雨水一样幸福。"今天，拥有爱情、幸福、和平的人们，应当永远把她请进这珍贵的人间。这本书不仅仅是一本有关江竹筠烈士的传记作品。作为写作者，我从一座纪念馆、一尊雕像、一件文物、一棵老树、一段文字中，去找寻那些岁月留下的印记，是立于今天的时代坐标，去回望那一段惊心动魄的历史。我也是从今天人们如何评价英烈、善待英烈、缅怀英烈的现实表现中，去审视民族精神和国民之心，并寄予美好的未来。人民不应忘记他们的英雄，人民没有忘记他们的英雄。

作为一名军队作家、一名有28年党龄的共产党员，在伟大的中国共产党建党一百周年到来之际，我能参与这样一项光荣的写作任务，心中备感荣幸。习近平总书记指出，在一百年的非凡奋斗历程中，一代又一代中国共产党人顽强拼搏、不懈奋斗，涌现了一大批视死如归的革命烈士、一大批顽强奋斗的英雄人物、一大批忘我奉献的先进模范，形成了一系列伟大精神，构筑起了中国共产党人的精神谱系，为立党兴党强党提供了丰厚滋养。红岩精神是以江竹筠为代表的红岩英烈用生命和忠诚凝结成的，在中国共产党精神谱系中熠熠闪光，必将永远激励广大党员干部不断汲取信念力量、恪守初心使命，必将永远鼓舞每一位中华儿女为实现中华民族伟大复兴的中国梦而不懈奋斗。

多少个夜晚，我面对自己写下的文字，陷入久久的沉思：那个时代，那样一群人，到底是什么让他们身陷黑暗而内心充满光明，是什么让他们面对酷刑而眼里无比平静，是什么让他们品味到了信仰的芬芳，是什么给了他们一往无前的力量？

如果我的这些文字，能回答这些问题，便是一个写作者能收获的最大的满足。

丁小炜

2021年7月于武汉

参考书目

1.《红岩恋——江姐家传》，丁少颖著，广东人民出版社，1998年12月出版。

2.《江姐》(歌剧)，阎肃编剧，解放军文艺出版社，1978年1月出版。

3.《忠诚与背叛》，何建明著，天地出版社，2018年4月出版。

4.《彭咏梧——碧血写忠烈》，杜之祥著，重庆出版社，2010年11月出版。

5.《血泪的嘱托》，陈全编，重庆出版社，1996年6月出版。

6.《中共云阳党史人物》，中共云阳县委党史研究室编。

7.《中共云阳历史口述回忆文集》，中共云阳县委党史研究室编。

8.《青松傲霜雪——江姐、彭咏梧和川东游击队的故事》，陈汉书、杜之祥编著，重庆出版社，1982年出版。

9.《江竹筠传》，重庆现代革命史资料丛书编委会，重庆出版社，1982年出版。

图书在版编目（CIP）数据

江竹筠：一片丹心向阳开 / 丁小炜著. —北京：中国青年出版社，2022.8
（人民英雄：国家记忆文库）
ISBN 978-7-5153-6747-7

Ⅰ.①江… Ⅱ.①丁… Ⅲ.①纪实文学－中国－当代 Ⅳ.①I25

中国版本图书馆CIP数据核字（2022）第149955号

本书图片部分由重庆红岩连线文化发展管理中心提供，特此致谢！

江竹筠：一片丹心向阳开
作　　者：丁小炜

责任编辑：侯群雄
特约编辑：张睿智
书籍设计：瞿中华
出版发行：中国青年出版社
社　　址：北京市东城区东四十二条21号
网　　址：www.cyp.com.cn
编辑中心：010-57350401
营销中心：010-57350370
经　　销：新华书店
印　　刷：三河市君旺印务有限公司
规　　格：880×1230mm　1/32
印　　张：6.75
字　　数：130千字
版　　次：2022年9月北京第1版
印　　次：2022年9月河北第1次印刷
定　　价：32.00元

本图书如有印装质量问题，请凭购书发票与质检部联系调换。联系电话：010-57350337